Coleção Enfoques

Filosofia

Monique Castillo

A paz

Razões de Estado
e sabedoria das Nações

Tradução
Maria Tereza Pontes

DIFEL

Título original: *La paix*

Capa: Raul Fernandes

Editoração: Art Line

2001
Impresso no Brasil
Printed in Brazil

CIP-Brasil. Catalogação-na-fonte
Sindicato Nacional dos Editores de Livros, RJ

C349p Castillo, Monique
A paz: razões de Estado e sabedoria das nações / Monique Castillo; tradução Maria Tereza Pontes. — Rio de Janeiro: DIFEL, 2001.
120p. — (Coleção Enfoques. Filosofia)

Tradução de: La paix
Inclui bibliografia
ISBN 85-7432-019-6

1. Paz — Filosofia. 2. Guerra — Filosofia. I. Título. II. Série.

CDD - 172.42
01-1643 CDU - 172.4

EDITORA BERTRAND BRASIL LTDA.
Rua Argentina, 171 – 1º andar – São Cristóvão
20921-380 – Rio de Janeiro – RJ
Tel.: (0xx21) 2585-2070 – Fax: (0xx21) 2585-2087

Sumário

Introdução

A preocupação com o realismo nos conduz espontaneamente a reconhecer a fatalidade das guerras. O vocabulário corrente qualifica como "idealista" aquele que acredita em uma idéia de paz que possa fazer frente à guerra, e "realista" aquele que se mantém coerente com as leis do mundo, que são as das relações de força. Neste sentido, ser realista é considerar o recurso à violência como a solução mais espontânea em caso de conflito. Porém, aquele que acredita firmemente que a guerra é mais provável, mais previsível que a paz, aceitaria definir-se como belicista? Admitiria que sua convicção o leva a aplaudir qualquer recurso à guerra porque se qualifica como realista e, portanto, convencido de que a força é a única lei deste mundo? Não é certo que a incredulidade ou o desencanto pelos quais ele julga se preservar de um certo número de ilusões sobre a paz o obrigue a se declarar um apologista da guerra. Esta tênue diferença nos leva ao âmago do problema: é a guerra ou a paz que constitui o *estado normal* das relações humanas, a princípio entre os indivíduos e depois entre os Estados?

1. Causas da guerra, razões da paz

Uma filosofia da guerra reconhecerá por princípio que o estado normal das relações entre os homens e os povos é a violência, a hostilidade e a animosidade. Maquiavel punha esse princípio no fundamento da autoridade política: "É necessário àquele que estabelece um Estado e lhe confere uma constituição pressupor que todos os homens são maus."[1] No século XVII, Hobbes demonstra que os homens são naturalmente inimigos, sendo o estado natural das relações humanas a guerra de cada um contra cada um. Mais próximo de nós, Spengler, que se constitui, depois da Primeira Guerra Mundial, o teórico do *Declínio do Ocidente*, considera que as diferenças naturais (entre sexos, raças e classes sociais) não subsistem e não se realizam, a não ser em uma ativa e fecunda hostilidade, cujo destino é se perpetuar. Na década de 1930, o jurista alemão Carl Schmitt julga que a política não tem outro papel além de identificar o inimigo, de conferir sua unidade e sua identidade a um

[1] Maquiavel, N. *Discurso sobre a primeira década de Tito Lívio* (1531), Livro I, 3.

povo, qualificando-o como seu inimigo e, portanto, suas razões de praticar a guerra. O que é o inimigo? É o outro, o estrangeiro. E, mais exatamente, aquele com o qual não se pode entrar em entendimento, com quem não é possível um acordo. A guerra significa então a forma extrema da alteridade.

As teses características de uma filosofia da guerra podem ser reagrupadas em vários tipos de argumentação. O primeiro é de ordem antropológica, e estima que a guerra faz parte da natureza humana. O segundo é de ordem política, e o terceiro se prevalece das leis da vida ou das leis da história e acredita que a guerra é criadora de valor, de ordem ou de justiça.

Em oposição, uma filosofia da paz supõe que a guerra não é o estado habitual das relações humanas e que é possível instituir a paz na qualidade de situação normal das relações entre os povos. Esse princípio requer, para seu desenvolvimento, uma transformação das maneiras de pensar sobre a guerra. Desse modo, Grotius, autor em 1625 de uma obra intitulada *O direito da guerra e da paz*, concebe a guerra como meio de se chegar à paz. Mais espetaculares, sem dúvida, são as obras dos séculos XVII e XVIII que elaboram programas destinados a acabar definitivamente com todas as guerras. Os projetos de paz perpétua concebidos pelo abade de Saint-Pierre (1713) e por Kant (1795) recusam-se a aceitar a guerra como a lei suprema das nações. Bem perto de nós no tempo, o pacto Briand-Kellog (1928) e a Liga das Nações (1919-1945) quiseram fazer da renúncia à guerra um objetivo inteiramente político. Todas essas tentativas têm em comum uma outra norma de julgamento, que supõe que a guerra não pode ser evitada.

2. O direito e os fatos

Mas existe uma diferença decisiva entre uma filosofia da guerra e uma filosofia da paz: uma teoria da paz pode se atribuir o objetivo de humanizar a guerra, limitá-la ou impedi-la, porém ela não pode fazer com que prevaleçam os meios do direito, a não ser colocando-se no nível dos princípios e das idéias, quer dizer, das razões e das justificativas, em um universo de linguagem onde o discurso do inimigo da paz possa ser julgado teoricamente refutável; é um pensamento que reclama para si a condição de ser público e, conseqüentemente, legítimo. A tese da superioridade da paz sobre a guerra deve, então, se impor por meios essencialmente racionais.

A paz pode não passar de um intervalo entre duas guerras, uma interrupção provisória dos conflitos antes da retomada das hostilidades. Para que ela se torne um objetivo inteiramente internacional, é necessário que exista uma idéia ou um modelo de organização entre as nações que torne realidade a concordância dos espíritos e das vontades. A idéia da paz se apresenta, primeiramente, como uma construção racional, cuja principal eficácia é associar a sorte do mundo ao progresso da solidariedade entre os Estados. Com a condição de se ter como base o direito comum dos povos, a paz poderia ser obtida através de meios pacíficos, inteiramente jurídicos.

No entanto, esse ideal racional não poderia evitar o debate e o ensinamento da história. Ora, a história fixa de modo profundo a idéia das guerras no interesse vital das nações: não são os indivíduos que se enfrentam, mas as massas populares diferenciadas por inegáveis probabilidades de vida e de liberdade. Se a liberdade nada vale sem o poder, e se ninguém é livre fora de um Estado e do poder das armas, a guerra se apresenta como o preço que os povos têm que pagar para assegurar sua existência e independência. Contudo, a experiência das guerras mundiais e a entrada na era da superpotência nuclear acarretam um novo tipo de interrogação: desde o instante em que à guerra total corresponde a dominação total ou a capitulação incondicional, o poder dos meios não termina por impor à paz suas condições?

A mundialização potencial dos conflitos nos leva a considerar a mundialização da paz ou, pelo menos, medir os riscos em escala mundial. Cada um é consciente de que uma nova história planetária assume compromisso com o destino da paz, tão difícil de realizar quanto a própria guerra. Porém, na possibilidade de "experimentar" a paz para que se torne, doravante, menos dependente da sorte das leis que dos meios apocalípticos da técnica, ela não corre o risco de ser uma paz negativa, uma ausência de guerra geradora de novas violências? E se seu prolongamento constitui o risco supremo, a dominação de um governo mundial deveria ser imposta em nome do pior, como uma solução finalmente desejável? A não ser que se estabeleça um novo realismo, cujo compromisso seja não considerar como irracional a vontade dos Estados e como impossível a sabedoria das nações.

I

A Idéia de Paz

Todas as teorias da soberania – tanto a do monarca quanto a do povo – admitem o mesmo princípio: fazer a guerra é um direito. O exercício do poder político, tendo em vista assegurar a paz num plano interno e enfrentar a guerra num plano externo, o que o cidadão deve à paz deve também à guerra: "Quando o príncipe diz: é conveniente que morras, ele deve morrer, já que não foi senão sob essa condição que ele viveu em segurança até este momento."[1]

A soberania indica, ao mesmo tempo, um poder e um direito. Pela guerra, o Estado defende seu direito ou sua lei, a Constituição que promulgou para si, e, desse modo, afirma sua força, porque é capaz de levar a bom termo a defesa das leis. Porém, quando se cometem crimes de guerra em seu nome, ou crimes contra a humanidade, a violência guerreira não revela, na reali-

---

[1] Rousseau, J.-J. *Do contrato social* (1762), Livro II, capítulo V.

dade, a forma pela qual o poder se coloca acima de qualquer lei?

1. Pode a guerra ser justa?

Para que a barbárie possa, impunemente, ter livre curso, ela não reconhece juiz, e sua brutalidade conduz ao retorno a um Estado sem lei, acima do bem e do mal, do justo e do injusto. "Era a guerra", diz-se algumas vezes, para "justificar" essa experiência da soberania da força. Mas o que é apresentado como um fato, diante do qual a consciência admite sua impotência, seria então possível reconhecê-lo como princípio?

A obra de Hugo Grotius, *O direito da guerra e da paz,* se coloca no nível dos princípios para tornar a guerra e a paz comparáveis a uma mesma forma de linguagem e julgamento do direito. Ele considera impossível reduzir a guerra a um simples desencadear da violência mais brutal, pois seria alegar uma irresponsabilidade infra-humana, ou animal, que a própria razão recusa reconhecer em qualquer homem. A guerra não pode ser chamada de "natural" num sentido limitado a práticas bestiais. Os Estados que guerreiam entre si se atribuem os mesmos direitos e obrigações. Tendo o uso da palavra, julgam e agem em razão de certos princípios gerais e não se enfrentam sem justificativas nem sem motivos. Para falar de um direito que possa ser compreendido como natural, é da natureza humana que se deve partir, pois nas guerras que os homens empreendem, sua própria natureza, razoável e social, está inteiramente implícita.

Considerar a guerra simplesmente como a razão do mais forte não passa de uma afirmação criminosa: longe de fornecer alguma explicação, essa maneira de colocar o injustificável como tal não tem como resultado senão tornar irreparável a injustiça dos motivos da guerra. Assim, a questão primordial, a que deve ser abordada em primeiro lugar, é saber se a guerra pode se legitimar, ser encarada como uma utilização de força que possa ser considerada justa, melhor dizendo, justificável. Em outras palavras, em que momento pode ser permitido abandonar o direito para se recorrer à força?

Ora, toda guerra é vista como subjetivamente justa pelo Estado que a empreende ou que a aceita. É tida como "justa", em um sentido *moral*, quando se apresenta como uma resposta à injustiça do inimigo e quando arroga para si a justificativa do dever de restabelecer a justiça de uma causa justa, uma causa que seja avaliada como boa, frente a um inimigo mau. Contudo, ela tem parentesco com um direito unilateral de represálias, se se constitui guerra punitiva que sancione um erro. Essa concepção moral da justiça, que implica o dever de saber renunciar à paz, tem como resultado considerar a necessidade ou a inevitabilidade das guerras como uma evidência ética.

Grotius procede de uma outra maneira: para ele, procurar estabelecer a legitimidade da guerra é como recorrer a um juízo comum, que é um direito natural de todos os homens, inscrito com transparência na razão humana. Porque a guerra pode, precisamente, ser injusta, ser empreendida por falsas "justas causas", é necessário poder *legitimar* a teoria da guerra justa por si mesma; pode ser considerado "justo" aquilo que é de conformidade com o direito e não o que poderia ser simplesmente do domínio da intransigência de um Estado, animado pelo desejo de vingar e punir. Enquanto a guerra se identifica com uma solução moral, o risco é transformá-la num objetivo bom e necessário em si; porém, já que ela é somente "a condição daqueles que resolvem uma querela pela força", ela não se justifica a não ser como meio de restabelecer o direito. É preciso que os atos efetuados em tempo de guerra possam ser aprovados, em seu próprio caráter excepcional, uma vez restabelecida a paz. Não existe somente um direito à guerra, mas um direito da guerra: "O direito da guerra é propriamente o que se pode fazer sem injustiça em relação ao inimigo."[2] Pensar o direito da guerra significa voltar a submetê-la a regras. Ela deve, notadamente, se constituir o objeto de uma declaração solene, sem a qual não passaria de um ato violento de pilhagem.

---

2 Grotius, H. *O direito da guerra e da paz*, I, I, § III, 1.

A intervenção do jurista vem, dessa forma, contribuir para a maturação do pensamento da guerra por outros meios além dos fatos, meios teóricos em favor da paz. A guerra não se justifica a não ser como um meio de restaurar a paz. Ela não é um fim em si, mas um simples instrumento, que somente se torna legítimo na medida do necessário, e que assume essa condição na ausência de qualquer outro recurso: é uma substituição dos meios do processo quando este, na falta de um juízo comum, se apresenta impossível, ou que a paz (na escravidão) seja pior que a guerra. Falar de um direito da guerra faz supor que ela pode ser pensada, desejada e praticada como algo que não impede a paz.

2. A paz pelo direito

Pode parecer surpreendente que a preocupação de legitimar as guerras tenha por resultado dar impulso a uma nova maneira de se olhar a paz. A novidade consiste em associar a guerra e a paz ao desenvolvimento do direito. O fato de que as nações possam se reconhecer, mesmo nas hostilidades, e têm obrigações comuns, abre caminho para uma extensão do direito à vida internacional por inteiro. Certamente, as regras costumeiras de respeito mútuo entre beligerantes sempre existiram, bem como convenções particulares, de antemão e seletivamente decididas entre certos Estados. Mas, para que a guerra, assim como a paz, possa obedecer a leis válidas para *todos* os Estados, é necessário que existam normas universais identificáveis para todos, anteriores e superiores às divisões produzidas pelos conflitos. Tais normas não poderiam ser aleatórias, provisórias ou arbitrárias; são consideradas naturais, melhor dizendo, universais e necessárias, no sentido em que sua força obrigatória tem origem primitivamente na razão humana. A novidade introduzida por Grotius e por seus sucessores é ter enunciado e fixado os princípios de um *direito natural universal*, originário e comum a todos os homens, de havê-lo tornado publicamente identificável na linguagem da ciência do direito, administrada através de um método de dedução racional.

Freqüentemente, Grotius é apontado pelos historiadores como o fundador do direito internacional moderno. Isso reside no fato de ele ter feito o direito das gentes, isto é, o direito de as nações (*Jus gentium*) apoiarem-se na existência de uma sociabilidade humana originária. Afirmando que a natureza humana, idêntica e universal em todas as suas necessidades e aspirações, é "a mãe do direito natural", a fonte incontestável de todo direito legítimo entre os homens, ele justifica a idéia de que a maior beneficiária da paz, para além dos interesses dos governos, é a humanidade como um todo. O direito das gentes pode então ser concebido e desenvolvido como um direito internacional racional, que expresse a solidariedade natural das nações.

A tese da existência de um direito natural das nações inspira a linhagem dos pensadores da Escola do direito natural moderno, cujos representantes mais conhecidos são, depois de Grotius, Pufendorf, Vattel e Wolf. De modo diverso, eles deram sua contribuição para desenvolver essa teoria racional, apriorista e voluntarista das regras jurídicas, cujo principal ponto de vista é fundamentar os princípios da paz nos meios do direito. Tal teoria é racionalista, já que considera os Estados, por analogia com as pessoas, como seres de razão e decisão. Assim como indivíduos livres formam juntos uma sociedade quando reconhecem a autoridade de uma lei comum, os Estados que respeitam leis comuns e que se unem por convenções recíprocas contribuem para formar uma família de nações ou uma sociedade universal de nações. A própria natureza quer fazer das nações os membros iguais de um único corpo, de uma comunidade internacional que Wolf chama de "a maior sociedade civil" (*Civitas maxima*): "As nações, assim como os indivíduos, são obrigadas a agir em conjunto e reunir suas forças para trabalhar por um objetivo comum. É um laço de sociedade que a própria natureza estabeleceu entre essas nações."[3]

Essa filosofia jurídica não pode se impor, a não ser provocando mudanças consideráveis nas mentalidades.

---

[3] Wolf, J. C. *Princípios do direito e da natureza e das gentes* (1758), Livro IX, capítulo I, V.

Proudhon[4] resumirá sua principal contribuição, considerando que a Escola do direito natural ajudou, sobretudo, a destruir a crença no valor moral das guerras. Essa avaliação se aplica, de modo singular, à transformação do conceito de inimigo, que não é mais tido como um criminoso, mas como um adversário. Com efeito, mesmo se a guerra é considerada *subjetivamente* justa pelo beligerante ativo que inicia as hostilidades, é preciso admitir que, de um ponto de vista internacional, ele deva limitar seu próprio direito subjetivo por um direito *objetivo* que seja válido para todas as partes em conflito. Assim como em um processo entre dois indivíduos o direito que prevalece é o que vale para todos e não para um só, a guerra, analisada sob uma ótica jurídica, tende a tornar-se um problema comum e público, e não o caso de um governo em particular.

A internacionalização do direito supõe, desse modo, uma *igualdade dos interesses dos adversários*, quaisquer que sejam a origem e a causa do conflito. Um Estado que conserva uma visão subjetivamente moral do conflito, arrisca-se a criminalizar o adversário, injusto do seu ponto de vista, e a perpetuar a guerra. A paz requer uma maneira de julgar que reconheça no adversário um inimigo que é justo no sentido em que é, ele também, pretendente ao direito. Um novo sentido do dever vai, des-

---

[4] Ver P.-J. Proudhon. *A guerra e a paz* (1861).

sa forma, fazer concorrência, sem perda moral, com as violências da honra, o que levava Frederico II a dizer: "Neste momento, vejo que se prefere a humanidade a todas as qualidades do conquistador."

Porém, para que a paz se realize pelos meios do direito, é preciso ainda que convenções voluntárias venham efetivamente limitar a sede de vingança pelas feridas na auto-estima das nações. É necessário que os princípios possam encontrar sua aplicação num verdadeiro direito internacional positivo, pelo qual os soberanos firmem aliança e imponham a si próprios o respeito a convenções que reduzam sua ambição. Sem a instauração de um *direito positivo* voluntário, a comunidade internacional permanece uma construção do espírito, racional e, contudo, ideal.

3. *Do realismo político*

Ora, a realização de uma comunidade internacional efetiva se contrapõe ao ponto de vista subjetivo dos Estados, com sua vontade de se bastarem a si mesmos. Enquanto que as ambições internacionalistas tendem a colocar o homem acima do cidadão, o Estado quer para si uma forma auto-suficiente de vida comum, na medida em que sejam satisfeitas as aspirações tanto materiais quanto morais dos cidadãos. O Estado afirma sua liberdade e sua soberania, garantindo a aplicação das leis que assegurem sua proteção. Em conseqüência, se as leis não são positivamente respeitadas, a não ser quando são estabelecidas e preservadas por uma potência soberana, a validade do direito depende, em última instância, da força de um poder político.

A paz e a guerra parecem assim indicar duas competências diferentes dessa "pessoa" soberana que é o Estado: a paz depende da vontade à qual a moral e o direito podem dar impulso; no entanto, a guerra decorre da inteligência, que determina e gera a ocasião do recurso à força. Seu uso obedece a outros princípios, que são da alçada do realismo político.

Começa-se pela obra de Maquiavel, na forma realista de reflexão sobre a guerra e a política. Os príncipes devem fazer "da arte da guerra seu único estudo e sua única ocupação",[5] porque não existem boas leis sem a força para estabelecê-las e conservá-las; se as repúblicas têm necessidade da força das armas, é que a liberdade requer, na política, que se seja dominador para não se ser dominado. As teses de Maquiavel visam à concordância da teoria e da prática em matéria política. Assim, a arte de governar se justifica inteiramente por sua eficácia; a política representa uma prática necessária da violência, porque é preciso usar de violência para responder à violência. É porque o conceito que define adequadamente a competência do

---

5 Maquiavel, N. *O Príncipe* (1532), capítulo XIV.

homem de Estado é o conceito de *poder*, unidade de dominação que garante a segurança e a estabilidade interna de um povo. A arte de governar consiste em dominar o poder; é o poder de colocar o poder em seu lugar.

A necessidade de recorrer à violência e à guerra dá à política o direito de se libertar da moral. Maquiavel, como Clausewitz o fará posteriormente, considera a moral perigosa quando se trata de empreender a guerra e, logo, conquistar a vitória. A guerra, como a política, exige que a prioridade seja atribuída à clarividência dos fatos, à avaliação das relações de força. Levando-se em conta, por exemplo, que o cristianismo não colocou o bem supremo a não ser "na humildade, na abjeção e no desprezo pelas coisas humanas",[6] Maquiavel deduz desse fato que sua moral se alimenta de erros perigosos de avaliação das realidades políticas.

Tal é a instância do realismo político: a guerra é a razão de ser da política, pois ela justifica que a soberania retorne ao poder e que o Estado atribua a si mesmo uma legitimidade fundamentada na eficiência e no sucesso. A obra de Maquiavel, *A arte da guerra*, mostra como, nessa nova abordagem da guerra, a virtude política dos antigos cede a vez à dos modernos. Os antigos compreendiam a guerra como uma forma de pôr à prova a virtude política

---

[6] Maquiavel, N. *Discurso sobre a primeira década de Tito Lívio*, Livro II, capítulo II.

dos cidadãos: subordinação do interesse privado ao bem-estar coletivo, desprezo pelo butim e pela rapina, bastando o perigo para estimular a coragem. Desse modo, a guerra vinha confirmar a finalidade moral da política: tornar os costumes mais nobres, e os homens, melhores, desenvolvendo sua virtude, isto é, sua excelência.

Mas, se a paixão pela excelência vier a faltar, em que se transformará a arte da guerra para os modernos? É preciso, então, que a habilidade dos chefes seja medida pela capacidade de engendrá-la e produzi-la artificialmente pela truculência, pela mentira e pelos estratagemas. Os meios não faltarão: uma calúnia habilmente urdida, espécie de "desinformação" expressamente criada para tornar o inimigo odiento, execrável, provocará a cólera do soldado, o qual, enganado sobre os intentos do comandante, poderá acreditar que a vitória fácil reclama sua perda. E, se ele teme demasiadamente perder a vida, isso fará com que lute por bens materiais que excitarão sua cobiça. É aí então que a religião se torna útil, porque suscita o temor dos deuses quando o medo dos homens não é mais determinante. E se a ilusão não basta para estimular a coragem, a punição restabelece o equilíbrio entre o terror e a esperança. Se a virtude era a coragem de vencer, a habilidade substitui, com a mesma eficácia, o medo de perder. De maneira que a instância da força é o subterfúgio, a capacidade de administrar e de manipular o "moral" das tropas. Da mesma forma, em política, já que a eficácia importa somente quanto ao resultado, poderá ser moralmente indiferente que um príncipe seja amado ou temido.

Esse conhecimento sem ilusões caracteriza um mundo, o da Renascença, que tomou consciência de que "todas as coisas humanas são mutáveis", que não são fixas numa ordem estável, constante, eterna. Se a ordem do mundo que era a dos antigos, se a tradição e o costume não existem mais por natureza, ou deixaram de ser infalíveis, é preciso renovar sua eficácia e assegurar, pelo talento, o gênio e a habilidade, a estabilidade indispensável aos corpos políticos para conquistar a confiança dos povos. A *virtù*, segundo Maquiavel, ajusta a excelência ambicionada pelos antigos às condições da política moderna, ou seja, às condições do triunfo da inteligência criadora, que manipula e ordena os esforços e as paixões e que lhes impõe, pela força, as regras da lei. Já que se deve movimentar com segurança no domínio imprevisível dos fatos, para um soberano é uma espécie de dever situar-se além do bem e do mal e não submeter o destino do povo aos escrúpulos próprios da moral privada.

Kant verá nessa teoria abertamente amoral do poder o principal obstáculo à emergência de uma filosofia da paz. Sua ambição não se limita a definir uma arte de governar, porém visa se impor como a única sabedoria política possível.[7]

---

[7] Ver E. Kant. *Projeto de paz perpétua* (1795).

O realismo político se apresenta, com efeito, como uma sabedoria pragmática pela qual a habilidade se intitula prudência em matéria de governo. A prudência política admite como principal verdade a convicção de que a salvaguarda do povo se identifica com a força do poder. Nesse contexto, a paz não é uma questão de direito, mas de política, e é para se preservar a paz civil que se impõe o poder imperioso do Estado. Porém, essa "sabedoria" tem origem numa concepção belicosa da política. Porque pressupõe que os povos, bem como os indivíduos, vivem em um estado de guerra potencial permanente, ela os considera como inimigos virtuais, presumindo sua "maldade", melhor dizendo, uma agressividade que não pode ser arrancada, extirpada da natureza humana. Nesse quadro de hostilidade generalizada, não é surpreendente ver a moral relegada ao nível de uma utopia constrangedora, em proveito da razão de Estado e de uma política de poder identificada com o verdadeiro interesse do povo.

Quando se eleva em norma absoluta, em fundamento derradeiro da conduta dos Estados, o realismo político tem como resultado transformar os princípios nos quais se inspira o desejo de basear a paz sobre o direito. Desde o momento em que a guerra, e não a paz, é considerada como a situação normal das relações internacionais, é possível não querer a paz, de forma provisória, a não ser para melhor preparar a guerra. A paz conquistada internamente, e que define a unidade política de um povo, torna-se então a condição de uma política estrangeira inteiramente baseada na lógica das relações de força.

4. A idéia de paz perpétua

Contudo, os horrores da guerra e seu ilimitado poder de destruição são também razões para aspirar à formação de uma verdadeira sabedoria política não-belicosa. Entretanto, para que a força seja posta a serviço da paz, é necessário que a paz se torne um objetivo coletivamente político, e que a razão política se dê por pressuposto eterno da paz em vez da guerra perpétua.

As teses do abade de Saint-Pierre[8] passam por pacifistas, na medida em que não visam simplesmente a estabelecer as regras e a limitar a guerra, mas também a buscar os meios de eliminá-la, submetendo-a a um julgamento arbitral e atribuindo força ao direito com a utilização em comum dos princípios da decisão política. Tal programa justifica sua existência por uma organização federal, conforme o modelo associativo de uma aliança voluntária. Adaptar o princípio dos Estados civilizados, tendo como objetivo constituir um Pacto da

---

[8] Ver Charles-Irénée de Saint-Pierre, *Projeto para tornar a paz perpétua na Europa.*

União européia (dos Estados Unidos da Europa, como diria mais tarde Victor Hugo), é admitir que recorrer à arbitragem no seio de uma vontade federativa comum não pode ter senão uma finalidade: realizar o direito da paz como um verdadeiro direito à paz.

Uma paz perpétua será, então, uma paz *instituída*, organizada como uma espécie de artefato, resultado da vontade humana através da criação de uma Liga dos Estados Civilizados, de um corpo europeu pronto para usar de força contra a violência. Em vez de ser desagregador, o poder pode tornar-se princípio de união e transformar-se em superioridade pública coletiva. Tais considerações pressupõem uma psicologia radicalmente nova dos homens que detêm o poder. O abade de Saint-Pierre prediz essa transformação, considerando, sem se enganar com as aparências, os soberanos como realmente eles são. A avidez pode conduzi-los a converter a paixão pela honra em paixão pela glória, de forma que a ambição seja usada na medida exata para servir de auxiliar ao espírito pacífico. Os Estados poderão se empenhar em obter e manter a paz instituindo a segurança como valor supremo. Aos mais fortes interessa tanto a conquista quanto a vitória, ou seja, a felicidade e a prosperidade. O espírito utilitário, tornando-se a fonte de um outro tipo de realismo, deveria poder triunfar sobre o espírito de hostilidade, alijando a guerra da lei das nações.

A inovação nessa matéria consiste em fazer da paz

um objetivo inteiramente político, acima do interesse privado dos poderosos: uma política da paz não é somente possível, mas necessária. O que o abade de Saint-Pierre prevê é o advento de um novo tipo de relação dos homens com a civilização, na qual predominam o interesse e a utilidade, o apetite pelo comércio e o gosto pela felicidade, motivos pelos quais as guerras poderão, por fim, aparecer como devastações mais custosas que vantajosas. É uma forma de antecipar ou de profetizar o desaparecimento do espírito guerreiro em proveito de um espírito mais burguês voltado para as vantagens, que busca a estabilidade política nos benefícios da civilização. Se os soberanos raciocinassem do ponto de vista do sucesso, eles se dariam conta de que existem razões socialmente bastante reais para fazer da segurança um bem público e pôr em prática uma verdadeira política da paz.

O projeto de um estabelecimento da paz para a eternidade nos parece utópico se contarmos com a moral para assegurar sua realização num futuro próximo. Certamente, é ingenuidade acreditar que a vontade dos soberanos seguirá espontaneamente a clareza das idéias novas. A crítica irônica de Frederico II, retomada por Jean-Jacques Rousseau, segundo a qual não falta, a um projeto de tal magnitude, nada além da vontade de realizá-lo, não é desprovido de justeza. Todavia esse projeto parece menos quimérico quando se coloca, como o fazia seu autor, do ponto de vista do interesse dos governantes, ao se situar no nível dos fatos e mais precisamente dos insucessos que subsistem, acreditando encontrar sua superioridade na prática da "balança dos poderes", ou política do equilíbrio entre as potências. Essa política do equilíbrio procura evitar o risco de desigualdade na repartição de forças. Mas, como considera o abade de Saint-Pierre, ela provoca outras guerras; guerras de equilíbrio destinadas a dificultar a emergência de potências demasiado grandes que venham a tornar-se um perigo para a independência das outras.

Por uma conseqüência natural, embora ela suscite alianças destinadas a preservar as possibilidades da paz, a política do equilíbrio permanece subordinada ao critério da eventualidade das guerras e não é suficiente para garantir a paz. A organização dos Estados em Congresso permanente, prevista pelo abade de Saint-Pierre, visa à supressão dos perigos por um consenso de uma política internacional comum apoiada no interesse de todos, tendo como objetivo uma superioridade partilhada. O equilíbrio, como reafirmará Thomas Woodrow Wilson,[9] depois que o jogo de tais alianças teve como conseqüência, em 1914, a generalização da guerra, não é a paz, porém uma ameaça contínua de instabilidade.

---

[9] Thomas Woodrow Wilson, presidente dos Estados Unidos por ocasião da Primeira Guerra Mundial, célebre por seu programa "Quatorze Pontos" em benefício da paz (1918), por sua participação no Tratado de Versalhes e na criação da Liga das Nações.

Contribui sobremaneira para tornar a guerra perpétua, já que qualquer potência é vista como um inimigo ou como um cúmplice em potencial.

Entretanto, essa maneira de situar, como uma prioridade, a necessidade de uma vontade supranacional suscita a incredulidade. O projeto de fazer da paz um estado, uma situação duradoura, passível de ser instituída, não é teoricamente desprovido de razão. Mas o fato da perpetuação da paz, a um só tempo motivo e resultado, faz supor que ela será o produto de uma vontade estabelecida no início. Aparece como a constituição político-jurídica de um consenso pacífico preexistente ou pré-formado. Em 1919 e em 1945, a preocupação de instituir e organizar a paz de forma duradoura poderá parecer natural, em um momento em que as guerras terão assumido o aspecto de catástrofes políticas; na base de um consenso hostil de conflitos, a esperança de realizar a paz pelo direito poderá aparecer como a única salvaguarda de um mundo que deseja permanecer livre. É então necessário deduzir que os embates trágicos e desumanos são os únicos capazes de impor, sem limitações, as escolhas que puderam ser pensadas e teorizadas na intenção da razão?

5. *Renunciar à guerra*

Quando dirigem o sistema de alianças, as máximas do realismo político subordinam a paz aos cálculos do poder, ou seja, dividir para melhor reinar; dominar as nações mais frágeis. O recurso ao direito nada mais é do que um pretexto, na medida em que serve somente aos interesses de um governo despótico. Desde que a paz e a guerra não são consideradas senão como motivos políticos, o poder, e não o direito, decide o que é justo ou não. Para isso, basta que o jurista forneça ao governante as justificativas úteis à sua política de poder. A teoria e a prática se ajustam sem dificuldade quando o conselheiro do soberano está a soldo do poder, do qual depende sua carreira; instaura-se, desse modo, uma solidariedade ou uma cumplicidade entre aqueles que partilham os mesmos interesses ou o mesmo gosto pela dominação.

Esse quadro decepcionante é descrito por Kant,[10] eleito pela posteridade como um dos mais célebres teóricos idealistas da paz. É idealista, em um sentido filosófico, o método pelo qual ele pretende submeter a um exame crítico os princípios que compõem a "filosofia" do realismo político. Ele deixa evidente que esses princípios não são somente ilegítimos em teoria, mas que encontrarão limites na prática, ao substituírem uma organização do mundo que se preserve de seu poder destrutivo.

Considerar os homens como eternos sujeitos em razão de que são naturalmente maus e devem ser disciplinados à força, é próprio de uma política despótica.

10 Ver E. Kant. *Projeto de paz perpétua,* Apêndice I.

Tal política pretende tratar os homens "tais como são", ou seja, jamais mudarão seu modo de ser. Ora, afirmar que eles permanecerão indefinidamente inclinados para o pior, é alegar a necessidade de submetê-los pela violência, pretender que a história precisará sempre dos estratagemas dos poderosos e preconizar, assim, um naturalismo e um historicismo catastróficos.

O *Projeto de paz perpétua*, de Kant, se propõe a demolir essa filosofia do poder que alimenta a perpetuidade das guerras. Ele não a julga somente perigosa para a paz, mas para a sobrevivência do gênero humano, o realismo conduzindo a uma lógica de extermínio que findará por se impor a todos os Estados beligerantes. Com efeito, o realismo produz por si mesmo os males dos quais se queixa: pretende reagir à necessidade das guerras enquanto se arma para a corrida do poder. Na verdade, é ele que engendra a "necessidade" política das guerras das quais atribui as causas à natureza humana. É porque ele permanece, mesmo na paz, com um pensamento de guerra.

Ora, a tese do caráter natural e inevitável das guerras pode ser reconduzida à sua verdade empírica. Com efeito, nos conflitos, só a natureza humana manipula os homens à sua revelia. As guerras podem, assim, ser chamadas de "naturais", com a condição de serem atribuídas à natureza, a uma espécie de pré-história, de história natural ou animal da humanidade. Tanto elegerá essa visão como princípio de sua política, que o realismo não se valerá das mudanças que se operam no mundo, a não ser através da guerra. As guerras, pelos tributos cada vez mais pesados que impõem aos Estados, contribuirão por si mesmas para a superação da era despótica da soberania, tornando-se iguais para todos em custo, em perigo e em destruição. É pela guerra que os soberanos se verão forçados a reconhecer que todas as nações se inserem no contexto histórico universal, o qual vai além do ponto de vista de seu interesse privado.

Além disso, a paz não poderia ser compreendida como um objetivo simplesmente circunstancial e provisório. Ela não pode ser pretendida como um meio, mas unicamente como um fim supremo, cujo último fundamento é a moral. Só a moral, na verdade, dá um sentido à não-aceitação da guerra. A paz se impõe, primeiramente, como uma idéia, como a antecipação de uma perfeição jurídica das relações humanas, a qual amplia o campo da experiência possível dos homens. Assim, ela não pode ser concebida a não ser como paz perpétua, preservada das maquinações e manobras políticas que a subordinam aos interesses do poder. "Paz perpétua" significa, exatamente, "paz universal", cuja extensão se faz em escala mundial, além das coalizões que se dispõem à guerra. Para que se constitua algo mais que uma trégua, a paz deve corresponder a uma nova etapa do mundo, que consista em sair da anarquia, que é a situação comum das soberanias, situação de conflito permanente ou de guerra perpétua.

Essa maneira kantiana de analisar os fatos contribui para uma radical desqualificação da guerra. A guerra não poderia ser representada como um direito; é ela que se opõe inteiramente ao direito no surgimento de relações de direito entre os povos. De tal forma que a liberdade dos soberanos permanecerá uma liberdade sem lei, uma independência própria do estado de natureza; as nações permanecerão em situação anárquica, reino do poder sem lei, onde a injustiça se perpetua, mantendo o mundo num estado infrajurídico. Nesse sentido, a guerra corresponde à era pré-jurídica da humanidade, a uma espécie de estado primitivo da vida internacional.

6. *Uma filosofia por uma sociedade das nações*

A complexidade do problema da paz aparece assim em toda a sua extensão: a paz é uma idéia, uma idéia moral que precisa, contudo, realizar-se com os recursos da política. É aqui que a instituição de uma *Sociedade das Nações*[11] encontra seu lugar teórico e prático, que é o de suplantar o vazio jurídico que caracteriza a situação mundial. Kant se refere também a uma "federação dos povos"[12] e de um "Congresso permanente dos Es-

[11] Ver E. Kant. *Idéia de uma história universal de um ponto de vista cosmopolita* (1784), Sétima Proposição.
[12] E. Kant. *Projeto de paz perpétua*. Segundo artigo definitivo.

tados"[13] para deixar claro que não pode haver outra moral internacional que não seja a instituição de um direito público comum das nações. O interesse mundial depende dela. Enquanto a guerra corresponde ao ponto de vista privado dos Estados, a paz corresponde ao ponto de vista do mundo, ou seja, o de uma totalidade que reclama um direito público para que advenha "uma situação cosmopolita universal". Não se trata de se alinhar com a anarquia, mas de entrar em uma situação radicalmente nova e transformada. Uma Sociedade das Nações é a única condição para uma extensão universal do direito, pois não se pode desejar o estabelecimento de regras internacionais sem ter como objetivo, ao mesmo tempo, a segurança de toda a humanidade. Eis por que a paz, e somente ela, confere significado a um estado de direito internacional. É da paz, e não de seu poder, que cada Estado poderá esperar a garantia de sua própria segurança.

Muitos desses princípios inspiraram os fundadores da Liga das Nações em 1919: pensar a paz em escala mundial, objetivar uma organização jurídica da vida internacional, obter o consentimento universal dos Estados pela aceitação de um mesmo conceito de um direito comum a todos. A doutrina dos "Quatorze Pontos",[14] do presidente Wilson, apresenta inúmeras semelhanças

13 E. Kant. *Doutrina do direito* (1796), segunda parte, § 61.
14 Discurso pronunciado no Congresso, 8 de janeiro de 1918.

com os artigos do *Projeto de paz perpétua*, de Kant: ela prevê a abolição da diplomacia secreta, exclusivamente favorável aos interesses privados dos Estados e incompatível com a transparência pública necessária no que se refere ao direito; considera como extinta a era das guerras de conquista e expansões territoriais, reconhecendo o direito dos povos a dispor de si mesmos; reclama a criação de uma sociedade geral das nações que possa assegurar a independência política e territorial tanto dos pequenos quanto dos grandes Estados. Falar de uma inspiração kantiana da Liga das Nações é antecipar seu objetivo internacionalista e mundialista, notadamente ilustrado pela vontade wilsoniana de ir além, através de uma aliança universal da formação de coalizões compostas por um número reduzido de Estados: a segurança do mundo não deveria limitar-se à segurança da Europa.

O idealismo wilsoniano, da mesma forma que o idealismo kantiano, passa, geralmente, como "otimismo". Se não podemos deixar de interpretar esse otimismo como uma adesão ingênua a um ideal imaginário, o julgamento equivale a uma condenação. Que a universalização da paz seja inseparável de um componente ideal não é duvidoso. Porém o kantianismo faz da paz um ideal da razão, no sentido em que ela se constitui um *fim* da razão; o que corresponde a dizer que a paz deve ser concebida como um objetivo do qual poderíamos apenas nos aproximar. Essa dimensão final é determinante pela maneira de conceber sua realização. Kant considera, com efeito, que nada seria pior que uma paz obtida pela dominação de uma única ou de várias nações coligadas, instituindo uma *monarquia universal* dotada de um poder sem limites. A idéia de paz pertence, desse modo, a um idealismo que se diz menos otimista que crítico: ela está encarregada da função de fixar os limites à tentação de organizar um poder mundial. Não poderia, então, ser ela confundida com um "moralismo" pragmático, o qual não passaria de uma outra versão, senão totalitária, pelo menos absolutista, de uma *Realpolitik* despótica que não faz fé a não ser no poder. Mas seria injusto que a paz fosse a oportunidade para alimentar um novo imaginário do poder.

A idéia da paz define uma tarefa, pois a imensa obra a realizar consiste na igualdade das nações que habitam o mundo, uma igualdade feita do exercício dos mesmos direitos e da responsabilidade pelas mesmas obrigações. Realizar essa tarefa através da liberdade implica a renúncia à independência baseada na soberania da força. Um mundo pacífico seria um mundo no qual as liberdades teriam que obedecer a um regulamento, fixar seus próprios limites e depender de outros. Um tal mundo requer que as liberdades se adaptem ao espírito de igualdade, ao espírito das leis de uma coexistência pacífica, reconhecendo-se na mesma identidade humana.

II

O Embate da História

É comum ouvir e ler que a história prova, pelos fatos, a necessidade das guerras. Na verdade, a guerra não se apresenta mais somente como um fenômeno natural, mas como um motor da história. Insere-se, desse modo, a idéia de uma necessidade essencialmente objetiva dos conflitos armados, vetores de uma justiça superior que escapa ao julgamento individual. A guerra é considerada como base de uma filosofia da história que identifica a justiça como indispensável.

O fato de levarmos em conta a história introduz outras perspectivas sobre a liberdade e a soberania dos povos, cujo efeito mais notável é a não-aceitação dos princípios que fazem da paz um objetivo realizável através dos recursos do direito. Assim, para Hegel, a idéia de paz perpétua permanece uma visão do espírito, tanto quanto permanece ignorada a dimensão coletiva da realidade humana que é a história concreta dos povos: é através da guerra que se realizam os progressos da liberdade efetiva, sendo simples "páginas em branco" os períodos de felicidade. Proudhon analisa igualmente a guerra segundo a história; e porque considera que a história não reconhece direito senão ao poder, ele julga fictícia e arbitrária qualquer legislação fundamentada numa simples teoria da paz: o escravo não se liberta por uma metafísica do direito.

Ora, se a liberdade das nações não é alcançada a não ser pela guerra, será necessário que a paz, a partir daí transformada no objetivo de indivíduos historicamente concretos, isto é, efetivamente cultural e economicamente determinados, ofereça as mesmas qualidades e a mesma fecundidade que a guerra. Isso provoca um novo tipo de interrogação: ao rejeitar o ideal de uma realização pacífica da paz, pelos meios do direito, a paz, segundo a história, poderia ser outra coisa além do fruto de uma política belicosa?

1. Dos princípios à história

Kant viveu muito tempo para julgar que os princípios de uma paz universal podiam encontrar uma realização na história. A Revolução Francesa era um indicativo dessa afirmação, pois nela se encarnou o direito que tem um povo de se dar a Constituição de sua escolha. Uma escolha que se apoiava na Constituição republicana, considerada própria, por sua natureza, a evitar as guerras de agressão.[1] O acontecimento mostrava que a paz podia encontrar uma realização historicamente em concordância com o direito, dependendo somente do modo de governo, e não das formas do poder político. Em outras palavras, da constituição mais que da soberania. É da Constituição republicana, exclusivamente, a qual visa à liberdade dos indivíduos, que é preciso esperar uma organização mundial da paz através das relações reguladas entre os Estados livres.

Essa análise, que fazia da Revolução Francesa, como foi dito e repetido desde então, a origem e o modelo do conceito moderno de nação, supõe que o intérprete, assim como Kant o define, se coloque do "ponto de vista de um espectador" da história. Esse modo de ver corresponde ao dos intelectuais europeus que testemunharam sua simpatia pelo evento e sua confiança em seu futuro. O entusiasmo dos espectadores expressava o sentimento de entrar em uma nova história da Europa, a qual permitia prever o fim das guerras de conquista e considerar as políticas de poder como fora de moda e anacrônicas.

Kant previa que os povos conservariam a memória dessa transformação que tinha mudado para sempre as formas de pensar. Porém, o que o filósofo, adotando

[1] Ver E. Kant. *Conflito das faculdades* (1798), segunda seção, VI.

uma postura de espectador, considerava como uma etapa da história da paz, iria aparecer como um episódio decisivo da história da guerra, de um outro ângulo de visão: o dos atores. Aqueles que se engajarão, intelectual ou militarmente, contra as guerras napoleônicas, não verão nelas nada além do prolongamento imperial ou "imperialista" da idéia revolucionária de nação. As guerras de libertação[2] empreendidas contra a tutela francesa iriam ser pensadas e desejadas sob a ótica dos agentes da história, que são as nações, os povos em armas.

Foi nessas circunstâncias que nasceu a teoria da guerra mais influente até os nossos dias, a de Clausewitz. Longamente elaborado e amadurecido entre 1816 e 1831, o enorme tratado clausewitziano, *Da guerra*, vê na Revolução e no Império, muito mais que uma nova causa de conflito, o acontecimento que revelou a essência da guerra, tornando-a, pela primeira vez na história, idêntica à sua *natureza objetiva*, destruidora, massiva e extrema. O que ele expressa de uma forma sóbria e terrível ao mesmo tempo: "A guerra se torna natural." "Natural" no sentido em que ela se libertou das barreiras convencionais que lhe impunham os limites e no sentido em que se tornou assunto concernente à totali-

[2] Entre 1809 e 1812, a hegemonia napoleônica se impõe na Europa (com exceção da Inglaterra e da Rússia). A Itália e a Alemanha tomarão consciência da sua unidade, opondo-se à dominação francesa.

dade do povo. A Revolução e o Império introduziram, com a regra do recrutamento obrigatório, o princípio da nação armada que confere à guerra uma nova escala de poder.

Na época pré-revolucionária, as guerras eram assunto que só dizia respeito aos governos, aos príncipes, e não aos povos. Preparadas nos gabinetes ministeriais, relacionadas aos interesses domésticos próprios do Antigo Regime, elas continuariam a ser um assunto privado nas mãos dos monarcas. Do mesmo modo, explica Clausewitz, "essa forma estreita e restrita" da guerra podia alimentar na Europa a ilusão de um progresso que reduziria pouco a pouco o papel e a força dos exércitos. Essa consideração retrospectiva faz entender que a paz foi pensada e teorizada antes que fosse conhecida a verdadeira natureza da guerra, revelada pela guerra de massa que acabava de fazer sua entrada na história: ela se caracteriza pela mobilização maciça de toda a população ativa e corresponde, como escreve Charles de Gaulle no *Memorandum* de janeiro de 1940, "a ameaças imediatas ou a brutais necessidades" que opõem os exércitos "em enfrentamentos terríveis e particularmente sangrentos".

Essa mobilização maciça leva Clausewitz a afirmar que as guerras nacionais, que monopolizam a energia vital de toda uma população, são de natureza essencialmente *moral.* Sendo as guerras levadas a efeito, mantidas e alimentadas pelas próprias pessoas, ele conclui que a ação de guerra é impregnada "de forças e de grandezas espirituais e morais" e que "é o espírito que invade a guerra inteiramente".[3] É preciso, então, realizar uma revolução mental para refletir sobre a guerra segundo a história, pois não é mais possível compreendê-la unicamente em termos materiais e físicos.

Se os conflitos modernos, pós-revolucionários, atingiram uma extensão e um grau de intensidade ainda inigualados, é porque a guerra popular não tem mais limites definidos, visíveis, pois "ultrapassou os limites do possível"; e, se não há mais contrapeso, a força não é mais suficiente para deter a força. O elemento moral contribui, assim, para, na ação de guerra, ir além dos limites materiais da energia física. A partir daí torna-se também necessário, militar e politicamente prudente, pensar a guerra em relação à sua *fórmula absoluta*, a qual visa, para além do objetivo clássico que é a vitória, ao aniquilamento das forças inimigas, quer dizer, à destruição do inimigo, na medida em que é força ou poder do Estado. Clausewitz considera que, se a guerra revolucionária atingiu seu objetivo, este teria como resultado a ruína das monarquias européias, em outras palavras, a

---

3 Clausewitz, K. (von). *Da guerra*. Tradução de D. Naville, Éditions de Minuit, 1955, p. 190.

destruição pura e simples de sua existência política.[4] Aniquilar massivamente as forças do inimigo, e fazer dessa derrota a única condição de conservação das próprias forças, é a forma absoluta da rivalidade levada ao extremo.

Numa posição filosófica, e não mais militar, a teoria hegeliana da história associa igualmente a guerra e a moral. A guerra não é um mal absoluto, mas "o estado no qual se leva a sério a vaidade dos bens e das coisas temporais".[5] O poder de enfrentar a morte revela, dessa forma, uma força característica da vida do espírito: o medo, elemento de uma vitalidade animal, é negado e ultrapassado na guerra. O sacrifício do indivíduo ao Estado, da parte ao todo, do membro ao organismo, tem uma função espiritual, por essa capacidade de dominar a morte que é a vitalidade moral do povo como um todo: pela guerra se conserva "a saúde ética dos povos". Da mesma forma, o sacrifício massivo dos indivíduos nos combates – em outros termos, a negação de sua existência particular, sem importância e acabada – não pode ser comparado a uma grandeza mensurável, mas somente a uma grandeza moral. Na arma de fogo se

---

[4] É às guerras contra-revolucionárias desencadeadas contra a França que, no *Conflito das faculdades*, Kant atribuía essa vontade de destruir radicalmente e aniquilar definitivamente um regime político que, por sua parte, julgava progressista.

[5] Hegel, G. W. F. *Princípios da filosofia do direito* (1821), § 324.

concretiza "o princípio do mundo moderno, o universal", porque contribui para sistematizar, de alguma maneira, a coragem dos homens, tornando-a impessoal e abstrata.[6]

Desse modo, o pensamento hegeliano nos ensina sobre a mudança filosófica inevitável para passar do nível abstrato dos princípios para o concreto, o da história. Não podendo nenhum princípio se efetuar na história sem a necessidade de enfrentar o perigo da morte, os povos são como a carne e o sangue do Espírito que nela se realiza. Se a guerra põe em evidência o que há de sobre-humano, na história da humanidade um ponto de vista subjetivo não basta para atingir a verdade objetiva. E desde que a história universal desvenda os valores espirituais que podem ser ganhos ou perdidos na guerra, os quais vão muito além da lógica mecânica e cega do simples direito do mais forte, é preciso compreender mundialmente a história mundial, fazendo dela o "tribunal do mundo".[7]

Por uma conseqüência natural, a guerra e a paz não poderiam ser compreendidas e julgadas por uma razão

---

[6] Depois de 1914, essa massificação do sacrifício encontrará uma outra verdade, relacionada ao poder de destruição massiva da técnica, no emblema do soldado desconhecido; a guerra total só seleciona uma única "qualidade" pessoal, aquela que torna os indivíduos anônimos, quer dizer, essencialmente substituíveis. Ver E. Jünger. *A mobilização total* (1930).

[7] *Ibid.*, § 340.

simplesmente individual, sendo a história a única medida que justifica e racionaliza o que é posto em jogo. Do mesmo modo, tanto para Hegel como para Clausewitz, é preciso compreender o significado político das guerras pela ótica das nações. A guerra é o meio pelo qual os povos se fazem os verdadeiros sujeitos e atores da história, pois ela é para eles o meio de escrever a história política do mundo. Ela une ou separa os Estados, hierarquiza e ordena seus lugares respectivos. É por ela que cada nação confere à Constituição que escolheu para si uma importância que pode ser reconhecida pelas outras. A guerra se mostra uma forma de "intersubjetividade" entre as nações. O que Hegel traduz por uma comparação: não mais que os indivíduos, os Estados têm existência isolada; é entre eles, em suas relações mútuas, que os princípios universais da ação passam da teoria à prática e tornam-se historicamente razões, que formam a história da razão. E, quando Clausewitz considera a guerra como uma parte das relações que existem entre os povos, ele julga igualmente a guerra como criadora de relações que são, concretamente, isto é, histórica e politicamente, possíveis entre as nações. A guerra se vê, então, dotada de uma função política insubstituível; é, segundo a célebre fórmula clausewitziana, "a continuação da política por outros meios".

2. *A guerra segundo a história*

É imperativo que a questão da paz seja abordada de outra maneira. A prioridade conferida à história e à política contribui para um recuo na solução pacífica, jurídica e cosmopolita da paz. A solução pacífica requer que a independência de uma nação seja reconhecida de outra forma que pela guerra, pela comunidade internacional unida em um mesmo consenso sobre o respeito das constituições livres. Mas o reconhecimento que uma nação quer obter pelo risco da guerra repousa menos sobre um princípio geral de governo do que sobre uma *vontade* coletiva, empenhada em demonstrar que tem a força para ser independente, que constitui um foro autônomo de valor e de decisão.

Toda questão se resume em saber se a situação histórico-política atribuída à guerra, tanto militar quanto filosoficamente, não contribui para exaltar os recursos populares do espírito belicoso. Ela não leva a justificar, em nome da história, uma "belicização" da política, pela identificação pura e simples da guerra com a política? Se a guerra é toda a política, a única política que pode ser criadora e grandiosa, a que reconcilia a teoria e a prática, deve ser a paz definitivamente posta no rol dos pensamentos sem consistência, anti-históricos e apolíticos, vazios de qualquer sentido concreto?

De toda maneira, a resposta a essa pergunta depende da interpretação que os atores, chefes de Estado ou chefes militares, fazem da função histórica e política das guerras para legitimar sua ação. Ora, é efetivamente *possível* compreender a teoria hegeliana, por esta considerar que uma paz eterna destruiria as nações como uma legitimação do expansionismo nacionalista. Da mesma forma, é possível ler Clausewitz como um apologista da guerra, que teria antecipado e programado as guerras totais do século XX. No entanto, a história faz valer os contrastes determinantes no âmbito das interpretações, quer em favor da guerra, quer em favor da paz. Assim, a filosofia hegeliana pôde ser julgada responsável, quando das guerras franco-germânicas, por alimentar as paixões imperialistas do pan-germanismo. Todavia, a leitura feita por Jean Jaurès, por exemplo, aborda de outra maneira a referência à história, convidando a França a reconhecer o direito da Alemanha a "fundamentar no mundo real dos interesses e das forças sua grandeza política, industrial e militar".[8] No plano da política internacional, a fórmula clausewitziana, que faz da guerra "a continuação da política por outros meios", dá lugar a compromissos decisivamente divergentes, segundo a qual serve de princípio para a legitimação da guerra ou a uma justificação da paz. A interpretação que Mao Tsé-

[8] Jaurès, J. *A guerra franco-alemã 1870-1871*, Éditions GF, 1971, p. 47.

Tung faz dessa máxima, por exemplo, afirmando que a "guerra é a política sangrenta",[9] não é a mesma de Raymond Aron, que lhe confere o sentido de uma concepção realista da paz.[10]

Ora, Clausewitz baseou sua reflexão na inadequação que existe entre a teoria e a experiência e que a própria história põe em evidência. Sua concepção da guerra leva em consideração esta diferença: já que a guerra concebida não é a guerra real, a competência de um comandante de forças armadas é saber enfrentar o imprevisível; mas a do teórico é saber que, por essa disjunção entre a teoria e a prática, a guerra pode ser "mais ou menos a guerra". Entendamos por aí que ela pode ser a guerra levada a excessos, a guerra pela guerra, ou melhor, a guerra em vista da paz. Esse critério nos permitirá examinar aquilo que pode fazer da referência à história um fator intrínseco de beligerância, ou um princípio de sabedoria política.

Se a concepção dialética da história inaugurada por Hegel pôde ser considerada favorável à guerra, é porque esta evidencia que a oposição entre a teoria e a prática se acha superada pela dinâmica de uma unidade de con-

---

[9] Mao Tsé-Tung. *Da guerra prolongada* (1938). *Obras escolhidas*, Ed. Sociais (1956), t. III, p. 264.

[10] Sobre as interpretações que foram feitas de Clausewitz, ver R. Aron: *Pensar a guerra, Clausewitz*. t. I. *A era européia*, t. II. *A era planetária*, Ed. Gallimard, 1976.

junto que reconcilia o ideal e o real. A violência não contradiz a necessidade, mas faz dela um motor. Acima dos Estados, entra em jogo o destino da civilização, que tem como objetivo a realização do espírito universal. Qual a interpretação que se poderia dar à identificação da história num tribunal do mundo? Trata-se de um horizonte ideal, que promete a reconciliação futura da liberdade e da história, ou muito do triunfo de um povo eleito entre todos para realizar o destino do mundo, arriscando uma espécie de luta final pelo triunfo da Idéia que ele encarna? A vertente "imperialista" que pôde ser imputada a essa visão da história deixa supor que a paz poderia ser concretizada por um império, pela dominação definitiva do mundo por um único princípio. É preciso convir que estas são interpretações discutíveis, na medida em que são retrospectivas e marcadas pela história do século XX. As razões que, em nossos dias, fazem considerar perigosa e intrinsecamente beligerante a soberania atribuída à historia sobre o destino dos povos repousam na subordinação da política a um poder que a ultrapassa e a absorve. Tal é, em particular, o sentido dado por Hannah Arendt ao conceito de imperialismo:[11] a prioridade oferecida ao movimento, ao poder de uma totalidade em marcha, prevalece sobre a sabedoria política das nações e sobre o interesse da

[11] Ver H. Arendt. *O imperialismo,* Trad. M. Leiris, Ed. Fayard, 1982.

paz. Se o Estado não é senão um instrumento de forças que se servem dele, deixa de ser um meio de impedir a guerra, e, portanto, um meio da paz.

Contudo, o fato de dar à guerra a dimensão de uma história universal do Espírito não basta para fazer de Hegel o teórico de um belicismo deliberado, pois não faz da guerra um *dever ser*, um acontecimento que precisaria ser provocado quando a necessidade não o produz. Seu pensamento da guerra é inteiramente subordinado ao pensamento do Estado; não se trata de pensar o Estado para querer a guerra, mas, inversamente, de compreender a guerra para pensar adequadamente a verdadeira função do Estado. Essa função é afirmar e preservar a soberania de um povo, o que significa para Hegel sua independência em relação ao *exterior* e seu estatuto de Estado nacional. Na medida em que sublinha a soberania dos Estados, o ponto de vista da história contribui para pôr em evidência a necessária pluralidade das nações, feita de disparidades insuperáveis entre os povos. É o próprio desejo de independência que separa os povos, que os coloca em oposição e provoca seus enfrentamentos. Aqueles que acreditam que um Estado aceitaria abandonar sua independência, escreve Hegel, "conhecem pouco a natureza de uma coletividade".

A percepção que os povos têm de si mesmos enquanto *nacionalidades* revela essa "natureza", a um só tempo histórica, ética e política, de sua unidade coletiva. De modo que a palavra "política" seja revestida de um sentido histórico concreto, que inclua o conjunto formado pelo caráter, os modos de vida e as aspirações de um grupo. O domínio político incorpora a moral popular, os fatores afetivos expressos no sentimento nacional. Engloba tanto as leis quanto os laços que forjam uma unidade organicamente vivenciada. O Estado é, com efeito, pensado segundo a imagem de um organismo, que se constitui numa totalidade viva e que vem substituir as representações anteriores, fazendo do Estado uma reunião organizada de átomos individuais. Daí a apologia hegeliana da soberania do Estado, tão comentada e controvertida, que faz do Estado uma força histórica ou *objetivamente* moral.

Se a guerra é, segundo Hegel, o que distingue a unidade moral de um povo, é porque os Estados, enquanto realidades espirituais, são mortais e devem conquistar, aceitando os riscos da luta, uma vontade substancial que os arranque da natureza para fazê-los entrar no mundo da história e da cultura. Ele lhes faz conferir ao espírito nacional, à sua particularidade original, um poder político reconhecido, já que a liberdade das nações é, esta também, mortal, dependente que é do respeito dos outros Estados. Um Estado soberano existe como uma potência entre outras potências.

Nesse contexto, a soberania do Estado se destaca, ao mesmo tempo, como senhora da guerra e senhora da paz. Se esta soberania é concebida como o principal objetivo da luta pelo reconhecimento, em outras palavras, se o Estado não visa nada além de si mesmo, sua identidade própria e sua existência autônoma como seu bem absoluto, então a guerra se detém na satisfação da particularidade como tal. As guerras nacionais são então concebidas como provisórias, intrinsecamente passageiras. E como, mesmo na guerra, subsiste um laço de reconhecimento entre os Estados, a guerra se apresenta como meio de preparar a paz. Nesta perspectiva, a paz significará uma coexistência na diferença, a qual reflete a organização de famílias nacionais plurais, mas na qual o risco da guerra, condição da afirmação de sua independência, permanecerá inextinguível.

3. *Clausewitz e a paz*

A partir do momento em que a paz, como a guerra, coloca em destaque a soberania dos Estados, deve-se poder conquistá-la pela via política. E se "a guerra é a continuação da política por outros meios", é preciso que, mais uma vez, façamos a pergunta: uma concepção política da guerra implica, necessariamente, uma concepção belicosa da política? A análise feita por Clausewitz acerca da *natureza* da guerra permite compreender sua concepção *política* da guerra e da paz.

Porque tem suas leis próprias, sua "gramática" específica, a guerra se impõe a princípio como um meio de ação tão violento e tão terrível, que é inútil querer humanizá-la ou impor-lhe limites. Não são, com efeito, as paixões dos homens, mas sua inteligência, que lhe confere esta brutalidade inaudita, extrema. Desde que a melhor estratégia é a de "ser sempre o mais forte" e que a lei suprema é obter a vitória, são adversários iguais, tornados iguais pelo recurso ao mesmo processo, que se enfrentam pelo mesmo objetivo: chegar, pelas armas, à decisão e à conclusão do conflito. Já que, para cada um dos beligerantes, trata-se igualmente de transformar este saber em poder, e a força em vitória, cada um tem o mesmo interesse em "exacerbar" o risco que inflige ao outro, a fim de realizar sua suprema satisfação, ou seja, garantir para si a inteligência e a vida, forçando o adversário a aceitar sua própria vontade. A guerra não é, então, simplesmente uma reação, mas uma ação, e não é comparável a um conflito jurídico. Ela tem sua própria natureza, que não é a de punir, mas a de aniquilar e desarmar o inimigo. Estas considerações levam a concluir que não existem guerras "justas"; só podem ser definidas como atrozes, uma vez que se leve em conta sua instrumentalidade perversa e brutal, independente das aspirações e fraquezas comuns da existência humana. Essa igualdade na extrema violência é o que torna a guerra natural, pois o combate mortal, em seu sentido exato, não produz nenhum reconhecimento; significa, simplesmente, que a existência de um depende da *destruição* do outro.

Ora, se a guerra não era nada além da guerra, um puro instrumento, uma torrente furiosa, seria impossível concebê-la como política, pois ela não faria senão romper qualquer ligação entre as nações. Em outras palavras, a guerra não é inteligível a não ser pelo fim que lhe é atribuído, isto é, o motivo político que decide sobre o conjunto de suas medidas, sua duração e seu término. Só a finalidade política da guerra permite englobar a paz no planejamento da guerra. De modo que só a política pode limitar o uso da guerra, fazendo dela um instrumento subordinado, pelo qual pretende alcançar, sem descontinuidade, seus próprios objetivos.

A fórmula clausewitziana não pode ser separada da tese segundo a qual a guerra é uma parte das relações políticas que "não faz cessar as relações políticas". Clausewitz tem a intenção de demolir as idéias tradicionalmente recebidas sobre a guerra e a política. Certamente, na era pré-revolucionária, era muito comum aceitar a idéia de que, sendo as guerras um assunto dos governos, elas têm causas políticas. Porém, considerava-se que as relações entre os Estados se encontravam inevitavelmente rompidas pelo desencadear das hostilidades. O recurso às armas, no julgamento da força, não intervinha, pensava-se, a não ser em uma situação de extrema divergência, quando a conciliação por vias diplomáticas, jurídicas e políticas se revelava impossível. Desse modo, os teóricos do direito das gentes julgaram necessário definir as leis da guerra, concebidas como laços obrigatórios que predispõem ao *restabelecimento* de relações normais na paz. Mas a teoria clausewitziana não vê na guerra nada mais que uma mudança dos meios, e não da natureza, das relações políticas. A razão dessa continuidade entre a política e a guerra só é compreendida pela extensão dada pelas guerras nacionais ao conceito de política: é política tudo aquilo que expressa o interesse inteiro da nação como um todo, caráter, sentimentos, unidade do povo. A guerra é essa expressão, ou essa manifestação, de uma vontade coletiva de existência. E é precisamente porque, segundo Clausewitz, a guerra não poderia ser separada da política, que ela deve permanecer um simples meio, medido e adaptado aos objetivos que a provocam. A política deve ser e deve permanecer, até à paz, um instrumento da inteligência que se torna visível e inteligível na história humana. Na medida em que as guerras nacionais legitimam a limitação da guerra tanto quanto a própria guerra, o Estado representa a inteligência política dos conflitos, a razão política que atribui a si mesma a finalidade do controle do recurso à guerra.

Nesse sentido, a guerra é "a continuação da política por outros meios", capaz de evitar a "belicização" extrema, catastrófica, da política. Isso é expresso por Clausewitz ao dizer que a guerra não é senão a guerra, mas que é também a política, o conjunto das circunstâncias que, em um dado momento das relações internacionais, provocam tal fim particular, reclamando uma inteligência capaz de avaliar as apostas, medir os riscos e adotar a estratégia de um desempenho o mais racional possível. Em compensação, é belicista a interpretação que inverte a fórmula clausewitziana, que compreende a política pela guerra e faz da política a continuação da guerra por outros meios. Porém, nada seria mais errôneo e perigoso, segundo Clausewitz, que um dogmatismo militarista; e seria absurdo confiar aos chefes dos exércitos a escolha da política a ser seguida. Se, com efeito, a arte militar prevalecesse sobre as decisões dos governos, ter-se-ia acesso a uma filosofia inteiramente diferente, que identifica a política com a guerra, fazendo da destruição do adversário seu objetivo exclusivo.

Mas, não passando a guerra, por sua natureza, de um instrumento de aniquilamento, só a política deve definir os fins do uso das armas. A "guerra absoluta", que conduz somente à exterminação do adversário, é um caso-limite, um simples conceito que se dá conta unicamente da inteligibilidade instrumental da guerra. Sua inteligibilidade histórica é intencional e, portanto, política. Essa finalidade política permite buscar uma conclusão que não seja a destruição. Para que, pela guerra, as relações entre os Estados não sejam abolidas ou interrompidas, o interesse comum dos adversários é não se destruírem entre si e procurar a vitória, visando negociar, pelo melhor preço, as condições da paz.

Cabe ao realismo político evitar uma corrida aos extremos e saber limitar a guerra para não abolir qualquer possibilidade de paz. Quando os limites políticos são esquecidos, desnaturados ou negados, então se adota um uso belicista da política, do qual pode resultar, com efeito, a guerra total, forma de guerra absoluta, guerra de puro extermínio, destruidora do outro enquanto nação, raça ou cultura inimigas.

4. Paz entre os Estados

Sendo as nações concebidas como coletividades históricas diferenciadas e soberanas, as possibilidades de uma paz internacional repousam no reconhecimento de sua igual independência. Isso implica que sejam reconhecidas, ao mesmo tempo, sua igualdade enquanto nações soberanas e sua diferença enquanto grupos humanos diversificados pela história, pela língua e pelos modos de vida.

Afirmar a igualdade dos povos requer um princípio, que emana do direito. Tal é o *princípio das nacionalidades*, do direito dos povos de dispor de si mesmos, doutrina defendida pelo presidente Wilson: "Que nenhuma nação tente estender seu poder sobre uma outra nação; que todas sejam livres para determinar seu próprio regime, seu próprio método de desenvolvimento, sem entraves, sem ameaças, sem perigos, tanto as pequenas quanto as grandes."[12] Mas afirmar sua independência, no sentido de sua particularidade e de sua pluralidade irredutíveis, leva a ressaltar o papel da história e a maneira pela qual a soberania nacional impõe limites à ambição de uma organização jurídica supranacional: "O homem vale porque é homem, não porque é judeu, católico, protestante, alemão ou italiano. Essa tomada de consciência do valor do pensamento universal é de uma importância infinita. Ela só se torna um erro se se cristaliza sob a forma de cosmopolitismo para se opor à vida concreta do Estado."[13] A dificuldade salta aos olhos: a igualdade das nações alimenta a esperança de paz, da coexistência de algumas por consentimento mútuo; mas a diferença entre as nações se constitui como aquilo que lhe opõe um obstáculo, suscitando esta observação de um internacionalista convicto: "Entre o homem e a humanidade, a história interpôs esta terrível realidade que é a nação."[14]

O caráter refutável do princípio das nacionalidades foi sublinhado muitas vezes, tornando antinomias as expectativas do direito internacional, já que este lhe atribui o dever de reconhecer a soberania dos Estados,

---

[12] Wilson, W. *Discurso de 22 de janeiro de 1917*, pronunciado no Senado dos Estados Unidos.

[13] Hegel, G. W. F., *op. cit.*, § 209.

[14] Ruyssen, T. *As fontes doutrinárias do internacionalismo*, Ed. PUF, 1954, t. III, p. 467.

seu direito a autodeterminação – a soberania militar inserindo o direito, para cada um, de fazer justiça pela força –, exigindo sempre a supremacia da lei, em outras palavras, o respeito aos tratados e a vontade de entrar em acordo sobre uma definição legal comum da paz no mundo. Essa fraqueza, ou imperfeição, do direito internacional foi duramente criticada na Liga das Nações, como ainda é reprovada, hoje, na Organização das Nações Unidas (ONU). Ora, a contradição reflete em parte a dificuldade e a ambigüidade do conceito de nação; no direito soberano de um povo para dispor de si, podem entrar em competição duas heranças, respectivamente saídas do direito e da história. Para tornar evidentes os riscos, pode-se chamar de "princípio nacional" uma concepção da independência que se aproxima da inspiração republicana e democrática, tirada das revoluções americana e francesa, e do "nacionalismo", uma reivindicação de independência cujos recursos identitários se querem particulares e tradicionalistas.

O princípio nacional, ou o "modelo nacional" (expressão de Wilson), corresponde a uma concepção liberal da autodeterminação, que confere aos Estados os direitos universalmente reconhecidos das pessoas. Reencontramos aqui a tese da existência de um direito natural das nações, tese que inspira o princípio das nacionalidades e o pacifismo wilsoniano. Reconhecidos como sujeitos livres, os Estados são convidados a cooperar com uma paz fundada na igualdade dos parceiros internacionais, expressando, cada um, uma vontade nacional de paz internacional. Adepto da paz por meio do direito e da democracia, o presidente Wilson formula, em 1917, uma espécie de exigência categórica de moral internacional: nenhuma nação deve desejar para si mesma mais do que aquilo que está pronta a reclamar para toda a humanidade. Desde que cada nação, como o fez outrora o entusiasmo revolucionário, possa "declarar a paz no mundo", uma "definição *nacional* da humanidade" segundo a bela expressão de Hannah Arendt, é possível que não se contraponha ao interesse geral da solidariedade humana, e que conduza a uma política de paz, de nações livres respeitando outras nações livres.

Se o princípio nacional pode ser, desse modo, constituído em fator de paz, é porque se presume que a nação encontre sua realização política na instituição política que é o *Estado*, e realiza as aspirações do povo em uma unidade governamental que reserve para si uma constituição independente. As verdadeiras nações, declara ainda o presidente Wilson, "são aquelas que se governam por si mesmas". Nesta concepção legalista da nação, o direito prevalece sobre a natureza e sobre a história. É da capacidade que têm as nações de se tornarem Estados que se pode esperar "um governo dos povos para os povos" que respeite a universalidade do direito reconhecendo para todos os mesmos direitos.

Percebe-se, então, que o princípio das nacionalidades se encarrega de uma dupla função, ao mesmo tempo política e jurídica. Fundador da autonomia nacional, no plano interno, deve trabalhar, em matéria de política exterior, como um princípio verdadeiramente transnacional ou supranacional, já que a autoridade universal de uma lei comum é o que permite superar as diferenças humanas, e prevalecer sobre a origem simplesmente histórica e, conseqüentemente, contingente do fato de ter surgido em tal ou tal lugar. Tal é o paradoxo (e, para alguns, a ilusão) do conceito liberal de nacionalidade: as nações são convidadas a efetivar uma ordem internacional de coexistência, pelo respeito da lei de igualdade que vale para todos; mas seu consenso legalista se apóia, claramente, sobre a mesma repugnância, liberal em seu princípio, à onipotência do outro e à dominação sem limites de um poder mundial, fatal para a independência nacional, de maneira que a vontade de entrar em acordo choca-se, inevitavelmente, com a vontade de afirmar sua soberania. Eis, então, os limites característicos da possibilidade de realizar a paz pelas únicas vias do direito.

A principal objeção a esta concepção jurídica de ordem internacional reside em seu caráter demasiado abstrato e formal. O recurso à arbitragem é considerado incapaz de produzir uma unidade imperiosa, já que sua aplicação depende, em última instância, da vontade particular dos Estados. Podemos, na verdade, qualificar esse legalismo de "formalismo", uma vez que os meios do direito dão preferência às prescrições legais em vez da força, e que o progresso do direito internacional consiste em passar de uma forma de pensar a outra, da guerra à paz conforme as regras. Todavia, não poderíamos esquecer que esse formalismo tende a pacificar a imagem que as nações têm de sua *pluralidade*, reconhecendo-lhes a mesma tendência para aceitar a evolução natural da humanidade para sua própria finalidade. Desse modo, deixando evidente que entre os povos a diferença não se situa em sua divergência e sua pluralidade, o ponto de vista jurídico-legalista se pretende apto para fazer do Estado uma muralha contra o extremismo nacionalista.

5. *Guerra entre as nações*

Se é qualificado como liberal enquanto luta contra a autocracia, a tirania e a opressão, o princípio nacional se torna o alimento de um nacionalismo militante quando a particularidade nacional é alçada à altura de princípio claramente hostil a qualquer cosmopolitismo. Em filosofia, o caso de Fichte (contemporâneo das guerras de libertação[15] contra a hegemonia napoleônica na Alema-

---

15 Sobre a expansão do nacionalismo na Europa, ver B. Russell, *História das idéias no século XIX*, Ed. Gallimard, 1951.

nha) testemunha a transformação do ideal universalista em idealismo patriótico. Ao nacionalismo de princípio, inspirado pela Revolução Francesa, e que reconhece às nações uma igual soberania exterior, vai suceder um nacionalismo de convicção, que vê a nação do interior, como a alma ou um gênio que habita um corpo. De forma que o nacionalismo, identificado com o sentimento nacional, faz parte da nação; faz com que ela exista, viva e dure, sendo o espírito e o coração que fazem dela um ser perfeitamente original e único no mundo. Essa fusão quase mística entre o indivíduo e o todo caracterizará a concepção romântica da nação: morrer pela pátria, sacrificar-se alegremente por ela, é dar o testemunho de uma vida espiritual superior, cuja medida não é individual, mas verdadeiramente cósmica.

A partir do instante em que a identificação com o grupo prevalece sobre a identificação com o gênero humano, é claro que "a definição nacional da humanidade" torna-se um empecilho à unidade humana, principal pilar das teorias da paz. As opções antiuniversalistas de nacionalismo se confundem com as opções antiintelectualistas e, naturalmente, antijurídicas. Julgando irrealista considerar atomisticamente os indivíduos como seres de puro pensamento, detentores de direitos abstratos, os teóricos nacionalistas põem em primeiro plano os laços que tecem sua unidade, formados pelo nascimento, pela história e pelos costumes. A vida real é feita de laços particulares, de ligações afetivas concretas, e o fato de fazer parte de um povo requer adesão, fé e sacrifícios. Os preconceitos nacionais, que são o primeiro alimento da sensibilidade e da imaginação, forjam uma tradição inimitável que dá origem a um tipo de homem singular, distinto e separado dos outros. Esse modo de pensar faz da nação, como a define Spengler, "uma humanidade que se transforma em algo concreto, vivo".

É difícil situar a fronteira – que pode ser deslocada – entre a parte de diferencialismo cultural e a parte do belicismo sem escrúpulos que pode suscitar ou reprimir o fervor nacionalista. Poderíamos falar de um nacionalismo de "inspiração", quando a paixão de um retorno ao passado se arvora em motor do despertar da literatura e da poesia nacionais. Trata-se, então, de fazer reviver os recursos imaginativos e intuitivos capazes de gerar obras originais, de preservar a criação da imitação e da uniformização niveladoras e culturalmente empobrecedoras. Mas a separação entre os povos e os indivíduos torna-se extrema e intrinsecamente beligerante quando o culto de origem faz do nascimento um fator de eleição e de seleção que reivindica, não um pluralismo cultural, mas um verdadeiro imperialismo nacionalista.[16]

---

[16] Em literatura, o exemplo de Thomas Mann pode servir para ilustrar essas diversas orientações do nacionalismo. Em 1919, ele entra em choque com os pacifistas europeus ao expor seu próprio nacionalismo cultural. Mas, em 1936, condena o nacional-socialismo, porque considera sua apologia da vida destruidora de qualquer cultura.

Em nome de leis vitais mais primitivas e, portanto, mais "naturais" que qualquer construção filosófica ou jurídica, são verdadeiras cosmologias étnicas ou raciais que se elevam ao nível de adversários do cosmopolitismo dos "intelectuais", fazendo da guerra a geradora das melhores forças vivas da família nacional. "O pensamento puro, que toma a si mesmo como objetivo, foi sempre estranho à vida e, portanto, hostil à história, não guerreira, sem raça", escreve ainda Spengler,[17] desejando se constituir no apóstolo do "poder dos fatos" contra os ideais considerados medíocres e estéreis de uma civilização governada pela razão. Ao progressismo* dos teóricos da paz vem se opor uma concepção "terrorista"[18] da história, que antecipa a marcha da civilização em direção ao pior. A substituição da história das raças pela história dos povos se atribui, desse modo, à autoridade de um "fato" que permite transformar o ódio e a luta em dinâmica da evolução decididamente hostil à paz e ao direito.

Não é necessário sublinhar que o nacionalismo racial representa um perigo maior, não somente para a paz, mas para a própria guerra, que se presta a todos os

---

[17] Ver *O declínio do Ocidente* (1918), Trad. M. Tazerout, Ed. Gallimard, 1948, p. 170.

* Movimento político, que tende a integrar certos valores marxistas a sistemas liberais, individualistas. (N.T.)

[18] Segundo o vocabulário kantiano do *Conflito das faculdades*.

excessos e iniqüidades, desde que a ilegalidade seja caracterizada como lei da vida, superior a qualquer "artifício" jurídico. O perigo está relacionado ao sucesso de uma apologia da violência, cujas contradições são ocultas pelo imenso poder de sedução que lhe confere um realismo extremo, ostentado como tal: realismo da brutalidade vital, da seleção pela via da destruição e do aviltamento dos indivíduos. Contudo, a estranha simplicidade, o caráter quase infantil desse realismo, que não necessita ser servido a não ser pela falta de imaginação e indiferença pela sorte do outro, faz aparecer como uma odiosa paródia de coragem a pretensa "força" de declarar a guerra inumana e de desejá-la como tal. A mentira sobre a natureza humana fere, sem dúvida, muito mais ainda, já que, identificando o tipo superior da humanidade com uma raça ou etnia particular, é o gênero humano na sua totalidade que ela divide, dispersa e reduz ao mesmo número de espécies animais, cuja luta se limita às práticas mais elementares da violência bárbara.

A guerra se torna, desse modo, causa e *fim* de si mesma, a razão de ser de sua própria reprodução, reconduzindo, indefinidamente, tensões vitais consideradas salutares. O trágico desempenho de um tal dinamismo belicista é fazer da paz a inimiga e não mais o simples contrário da guerra. Supõe-se, então, que a sorte do mundo depende de uma dualidade ontologicamente radical, opondo o tipo de humanidade personificado no pacifista, cosmopolita, vil, burguês e decadente, ao tipo de humanidade salvadora, representado pelo guerreiro que tem por missão fazer guerra à paz. O vocabulário do direito das gentes não pode ser aplicado quando a guerra não representa mais um meio de regular uma divergência, mas um fator de discriminação entre os homens. De maneira que a guerra e a paz não se opõem logicamente, mas ideologicamente, na medida em que a nação delimita seu espaço vital pelos inimigos que atrai para si. Tanto a guerra quanto a paz não põem simplesmente em jogo os princípios, mas as ideologias que se identificam com valores vitais. Essas ideologias levam à competição grupos humanos fortemente rivais. Dessa forma, constatamos a realização de um contexto de *guerra absoluta*, onde o prolongamento da existência se vê condicionado ao aniquilamento de uma ou várias outras comunidades humanas.

Vemos aí um realismo terrorista que prende a inteligência e, por vezes, os intelectuais, na armadilha de uma ilusão demasiadamente perniciosa, na medida em que é paradoxalmente sedutora: a ilusão de atingir o fundo trágico da realidade, quando faz funcionar uma trágica confusão entre a luta e a guerra. Pois, se a luta faz parte da vida, a guerra é da competência da política internacional dos Estados. Deduzir do *fato* natural da luta o *valor* moral da guerra tem como resultado uma perversão da essência política da guerra: se é a vida ou a história que deseja a guerra, não existe mais discriminação politicamente possível entre a guerra e a paz. Toda luta se identifica com uma espécie de política vital, segundo a forma pela qual Spengler afirma que, "no sentido supremo, a política é a vida, e a vida é a política". Enquanto a distinção entre a vida e a política for mantida, o fato de reconhecer a luta como uma parte inseparável da vida não arruína, de forma alguma, as perspectivas da paz. Um teórico como Kant não identifica a paz com o repouso de "bezerros felizes", com a eliminação, impossível, de toda e qualquer tensão entre os homens. Porém, ele lhe atribui uma dimensão cosmopolita, já que ela se insere, enquanto objetivo, na ordem da civilização do mundo.[19]

Se a guerra não representa mais que o meio de subordinar a política à violência vital, as delimitações clássicas do direito da guerra e da paz são irrevogavelmente abolidas, já que o Estado deixa de ter o monopólio da política e, portanto, a responsabilidade das guerras. Torna-se absurdo atribuir-lhe a intenção de conduzir a guerra em vista da paz, desde o momento em que ele próprio é superado por uma lei histórica vital que

[19] Em um registro de inspiração inteiramente diferente, um apologista dos conflitos vitais como Nietzsche pôde opor à luta, porque ela faz parte da vida; à própria política, porque esta se origina no Estado; porém, para ensinar que a luta exige a superação de si mesmo, mais do que fortalece as opções securitárias dos prejulgamentos nacionais.

faz a guerra suceder à guerra, e a violência, à violência. Por conseguinte, a politização das relações vitais não corresponde a uma extensão, mas a uma destruição da política, isto é, do Estado. Ela provoca uma supressão do papel do Estado, que perde sua vocação para garantir o direito; enquanto que a nação impõe a si mesma as regras e as normas de um Estado, é o Estado que se vê sujeito às ambições anexionistas:* "O nacionalismo traduz essencialmente essa perversão do Estado como um instrumento da nação."[20]

6. *A paz pela transformação da guerra*

"A humanidade por si só é grande, ela é infalível. Creio ser possível afirmar em seu nome: *a humanidade não quer a guerra*."[21] É nestes termos que Proudhon profetiza o advento de uma nova era da história do mundo, da qual deve se constituir o último episódio: a humanidade coletivamente representada, laboriosa, plena de engenhosidade, em todos os setores da atividade humana, enfim, realizada pelo trabalho e pela produção, se afirmará como a base economicamente concreta de uma paz efetivamente universal. Essa percepção da paz é

* Que faz parte do anexionismo, política que visa à anexação de novos territórios ao país. (N.T.)

[20] Arendt, H. *O imperialismo, op. cit.*, p. 183.

[21] Proudhon, P.-J. *A guerra e a paz,* fórmula final.

social, e não mais política; ela anuncia a superação da era política das guerras, o fim das guerras nacionais. A paz perpétua não será mais somente uma idéia, a norma ideal do progresso das relações entre os Estados: ela poderá entrar para a história se for produzida pela própria história como seu objetivo e seu limite fixado no tempo. Como o que governará o mundo daí em diante não será mais o direito da conquista, e sim o direito econômico, "o heroísmo deve, doravante, ceder lugar à indústria", ou, mais exatamente, o heroísmo guerreiro deve ser substituído pelo heroísmo industrial. A história provará assim, pelos fatos, a necessidade da paz.

A desigualdade secular que existe entre a guerra e a paz se encontrará demolida em proveito da segunda, se os homens puderem compreender que a paz não é a condição humana *menos* a guerra, porém uma outra maneira, plenamente positiva, social e produtiva, de concretizar e de multiplicar os benefícios e as virtudes dos conflitos. Daí o princípio geral de uma concepção solidarista da paz que serve de base ao federalismo proudhoniano: a fecundidade social da paz contradiz e vai além da função política, estreitamente nacionalista, das guerras. Em conseqüência do advento de uma humanidade pacificada, resultante do trabalho da história como um todo, o modo de pensar lógico (a guerra é o contrário da paz) deve dar lugar ao modo de pensar dialético (a guerra é o que prepara a paz). É porque a guerra sofre transformações, porque a história da guerra finda por desnaturar e corromper a guerra, que é impossível garantir uma autodestruição das esperanças belicosas, sua substituição por uma "época de pacificação indefinida". A paz não será o resultado da abolição, mas da *transformação* da guerra.

Ora, o direito da guerra, constata Proudhon, sempre foi o da força, o do vencedor. Por que o direito do mais forte foi, até aqui, aprovado e saudado por todos os povos? Porque advertiu a consciência universal sobre a verdadeira natureza da justiça: ela não é o que se opõe à força, mas o que se une a ela. O direito do mais forte é simplesmente o que faz da justiça uma força. A nostalgia do herói guerreiro não é, portanto, nem criminosa, nem bárbara, mas cavalheiresca e nobre. Pois não é somente quando a guerra, de nobre se torna ignóbil, que se revelam, que vêm às claras as razões e os meios de sobrepujá-la. Se o homem, e somente o homem, é sublime pelo sacrifício que faz de sua vida, a guerra é atroz quando a ela se acrescenta sua causa verdadeira: a miséria, a penúria e a fome, o que Proudhon chama de "pauperismo endêmico da humanidade". A prova de força trai a lei da coragem quando santifica a rapina, o exercício sem limites da violência por todos os meios, para o reino da utilidade. A guerra destrói sua própria função política, quando deixa de ser uma forma de lutar, mas somente de destruir e quando o assassino toma o lugar do combatente; quando o poder se submete à cupidez e quando as armas não servem senão para a posse ilícita das riquezas, a guerra se torna um instrumento de dominação e não mais de justiça.

O papel histórico da guerra estaria, portanto, acabado, pois os conflitos armados não estão mais à altura e perdem a dimensão da universalidade humana. Segundo Proudhon, "a humanidade trabalhadora é a única capaz de acabar com a guerra", porém sob a condição de que uma revolução radical nas idéias e nos costumes venha criar o equilíbrio econômico necessário à paz. É então que a paz realizará o que a guerra, daí em diante, é impotente para conquistar: unir a justiça e a força, fazer de maneira que a força seja justa. E já que a guerra cedeu lugar à luta econômica, a concorrência das forças deverá, pelo trabalho e pela indústria, fazer uma justa distribuição dos serviços e dos produtos. Paradoxo inesperado: a competição na paz impedirá a guerra de assumir seu princípio, ou seja, a seleção orgânica das forças motrizes da história. A paz não é o repouso, nem toda luta é a guerra. Diferentemente da violência anacronicamente desencadeada entre nações, a luta pela produtividade associa, paradoxalmente, o antagonismo entre os homens à solidariedade do gênero humano.

Constata-se a expressão de uma imensa fé na história; o poder da história é justiceiro porque a força retorna, finalmente, sempre para a justiça. Uma fé que vê no internacionalismo a solução mais acertada ao progresso da espécie humana, desde que seja o ponto alto de um movimento irresistível em direção da paz. Proudhon considerava que o século XX testemunharia o advento da "era das federações". A base geral do princípio federal é resumida da seguinte forma: se supomos acabada a função política do Estado, que foi a de reunir os indivíduos em povos pelo meio da dominação, resta projetar outros meios, sociais e econômicos de integração coletiva, colaborando para o poder organizado dos interesses próprios da era industrial.

Uma transformação decisiva se insere, assim, no conceito de internacionalismo. Enquanto a aceitação clássica é política, identificando "internacional" com "interestatal", a sociedade internacional, no sentido social e popular que Proudhon lhe atribui, se identifica com a humanidade inteira. Desse modo, isso significa que a paz não pode ser esperada pela vontade dos soberanos, mas somente das aspirações da humanidade pobre, que fazem dela uma razão universalmente popular. Resulta daí que a paz, segundo a história, se faz inimiga da paz segundo o direito, um pacifismo excluindo o outro. As teses clássicas do direito das gentes, visando a regulamentar e impor limites à guerra, são, com efeito, repudiadas: a paz segundo a história tem a vocação de anular a noção de pacifismo legalista.

A paz pode, então, assim como a guerra, constituir-se no suporte de uma luta ideológica, uma luta com vistas a se apropriar, em nome da história, da legitimidade humana completa. É o que confirmam as teorias internacionalistas de inspiração marxista que identificam a paz com a vitória final do proletariado na história. Elas invocam para si o testemunho de uma outra transformação da guerra, a transformação das guerras nacionais em guerras revolucionárias. Seus princípios são conhecidos: ao mesmo tempo que, de conformidade com a lei da luta de classes, ele é destinado, por sua vez, a tomar o poder, o proletariado tem a vocação de assumir a principal tarefa e a mais justa de todos os tempos, "fazer guerra à guerra", segundo as palavras de Mao Tsé-Tung; anular, definitivamente, as razões da guerra, destruindo as causas políticas da opressão. Esta fé na força justiceira da história pretende abolir a visão do mundo veiculada pelas teses clássicas, jusnaturalistas, do direito internacional e quebrar uma representação jurídica da paz considerada idealista e contrária aos interesses da revolução. Nesse contexto, a referência à soberania da história vem alimentar, ao mesmo tempo, um realismo pacifista e um realismo belicista. Um pacifismo ativista, de um lado, já que é de uma transformação política mundial por meios revolucionários que é esperada a paz mundial, reclamando a ascensão ao socialismo de todos os parceiros internacionais. Um realismo belicista, por outro lado, pois a política é subordinada às leis dialeticamente conflitantes da história. "O marxismo não é um pacifismo",[22] explica Lênin, pois ele renuncia a praticar a guerra segundo o conjunto das convenções e a fundamentar-se sobre meios pacíficos.

A realização histórica do marxismo pôde ser concebida como uma aplicação da fórmula de Clausewitz – "a guerra é a continuação da política por outros meios" – em um sentido adaptado a suas ambições revolucionárias:[23] situados em escala mundial, os conflitos entre os Estados foram interpretados como a manifestação de uma imensa guerra civil internacional entre as classes. Ao abrir, desse modo, a perspectiva de uma mundialização da guerra e da paz, o embate da história nos ensina que a paz pode também trazer em si mesma os germes da guerra.

---

[22] Lênin. *O socialismo e a guerra* (1915), Ed. Sociais, 1952, p. 35.

[23] Assim, para Mao Tsé-Tung, a política revolucionária se identifica com a guerra.

III

A Paz e o Mundo

Fazer da paz um objetivo histórico decisivo supõe uma opção sobre a existência possível de uma ordem mundial. Mas, que ordem do mundo? Deve o planeta ser visto como uma ordem realizada entre forças, isto é, um equilíbrio entre potências? Perspectiva que tem a diversidade como irredutível e faz da terra um conjunto de pátrias ou de terras natais diferenciadas, de onde os indivíduos tiram o alimento de sua identidade.

Todavia, a mundialização das guerras não impõe primeiramente a urgência de organizar a sociedade internacional através de um direito comum das nações? As conferências de Haia (1899 e 1907), a Liga das Nações (1919) e o pacto Briand-Kellogg (1928) tiveram em vista a redução, e até mesmo a eliminação, dos riscos de guerra. Não podendo mais a guerra ser reputada como criadora de ordem, é necessário substituir a neutralidade de uma arbitragem internacional, fonte de apaziguamento dos conflitos pela discussão e pela convicção mútuas.

Mas, se o direito não é nada sem a força e sem o poder de recorrer a sanções, não é chegado o tempo de uma paz, enfim, garantida, imposta e protegida por um governo mundial? Sendo a vida humana essencialmente ameaçada pelo perigo nuclear, não seria necessário um poder supremo que preservasse tanto a sobrevivência física quanto a sobrevivência intelectual da espécie?

Essas evocações ficariam incompletas, se a elas não fosse acrescentado o sentimento bastante difundido de que a paz se regula, finalmente, passo a passo, em um mundo sem referências, em uma sociedade internacional condenada a permanecer em estado de anarquia.

1. Do pacifismo

Mais do que nunca, sem dúvida, a reflexão sobre o pacifismo se revela oportuna. Em primeiro lugar, porque não se pode fingir ignorar a comoção causada pela experiência das guerras totais e o sentimento de culpabilidade, afirmado ou difuso, provocado pelo caráter imoral da arma atômica. Em seguida, porque tende a se impor, cada vez mais, a idéia de que a segurança deve se constituir o estado habitual, a própria "saúde" das sociedades.

O qualificativo "pacifista" é pejorativo quando serve para designar os ideais fantasiosos ou a covardia que são atribuídos ao desengajamento dos outros. Empregado como uma injúria, não é percebido claramente entre a impostura e a doutrina, porém o bom senso o substitui: ninguém tem como pacifista aquele cuja neutralidade ou prudência equivale a pactuar com o inimigo. Todavia, no plano doutrinal, o pacifismo não se reveste de um único aspecto. De bom grado, é idealista e se inclina a opor o poder das idéias ao da violência. Contudo, os ideais revolucionários dão nova energia aos princípios das guerras justas e contribuem para dar novo encanto aos combates. Além disso, um novo tipo de pacifismo se evidencia, o qual, tendo a opinião pública como intermediária, tende a se manifestar por demonstrações de desmobilização das massas em face da guerra, visando isolar e fragilizar a decisão política, privando-a de legitimação popular. O pacifismo pode então dar uma falsa aparência a opiniões doutrinárias muito distintas, passando de um desejo apolítico de neutralidade radical à vontade de fazer triunfar uma ideologia contra a outra.

O pacifismo menos circunstancial e menos suspeito de oportunismo é o que se origina em uma opção ética incondicional de amor ou de não-violência, já que não faz composição com nenhum militarismo, mesmo provisoriamente. Na medida em que ele encarna o desejo, que sejam suprimidas não somente esta ou aquela guerra, mas o estado de guerra latente no mundo, sua legitimação não pode ser senão moral: como a paz universal e total jamais foi experimentada, a moral só pode decretar que não deve mais haver guerras. É evidente que esse dever-ser da paz pode ser chamado de "incondicional" porque não se identifica com um simples desejo psicológico de segurança. Cada um pode afirmar, com certeza, que o mundo será mais belo sem a guerra; contudo, o sonho não é suficiente para decidir quem arriscaria sua vida pela paz.

Segundo a célebre opinião de Max Weber,[1] a ética pacifista é politicamente irrealista. O pacifismo conseqüente, diz ele em resumo, tem origem numa ética absoluta, que tem por máxima: "Não resista ao mal pela força." Tal é, segundo seu modo de ver, a ética evangélica, ilustrada pelo Sermão da Montanha.[2] Podemos considerar que, da mesma maneira, tem origem numa ética absoluta o preceito adotado por Tolstoi[3] e por Gandhi:[4] a não-resistência ao mal pela violência. Mas o homem político, explica Weber, tem por vocação adotar uma ética cuja máxima é exatamente contrária: "Deves te

---

1 Ver M. Weber. *A profissão e a vocação do homem político* (1919). UGE, col. "10/18", 1982, pp. 168-180.

2 "Amai vossos inimigos", Evangelho segundo São Mateus, 5, 44.

3 Tolstoi, L. (1828-1910), autor de *Guerra e paz*. Seu pacifismo visa reencontrar a inspiração originária do cristianismo.

4 Gandhi, M. K. (1869-1948) inspira e incita a libertação da Índia pelos meios da não-violência.

opor ao mal pela força", pois, com efeito, "o meio decisivo em política é a violência".

A oposição weberiana entre essas duas éticas faz, em primeiro lugar, ressaltar, muito justamente, a responsabilidade específica do homem de Estado. A ética da não-violência é uma "ética da convicção"; em primeiro nível de análise, a convicção se refere a uma opção da consciência individual, a uma moral da salvação da alma, em uma palavra, a uma escolha irredutivelmente subjetiva. Neste sentido, o pacifismo, passível de ser comparado à "bela alma" hegeliana, expressa uma escolha interior que pode ser eticamente sublime, mas que se revela politicamente irresponsável. O homem político não saberia, por sua vez, fazer da paz um objetivo tão absoluto e intransigente que paralisaria seus meios de agir e de reagir à agressão. Em face da guerra, adotar o ensinamento de Maquiavel é, então, uma opção mais patriótica que a preocupação com a virtude privada. Do mesmo modo, o homem político tem sua ética específica, a da "responsabilidade" dos meios violentos empregados por ele, dos quais é preciso medir as *conseqüências* ulteriores por saber aceitá-los ou recusá-los. Na medida em que a sorte de um grupo, de uma sociedade inteira, está em jogo, a lição é tirada da prudência: sendo a guerra assunto dos Estados, nada seria mais perigoso, para a sorte da paz, que retirar sua confiança na ética propriamente política do homem de Estado. A intransigência pacifista é um meio de enfraquecer o poder que torna maiores os riscos de guerra, das guerras menos controladas e as mais fanáticas.

O ganho da distinção é bastante claro. Mas essa questão pode ser apresentada de outra forma: será imperioso admitir que um desejo de paz universal não poderia ter valor objetivo nem constituir um fim válido para a humanidade inteira? Decidir-se por uma tal conclusão comporta um outro perigo: tirar da paz sua legitimidade moral e, por conseqüência, o caráter que a torna aceitável por todas as partes em conflito. Se é indispensável, em boa política, saber também acabar com a guerra, um outro tipo de responsabilidade, ou de coragem, é igualmente requisitado, como é testemunhado, em 1941, pelo escritor e guerreiro, e, portanto, famoso belicista que foi Ernst Jünger: "Para merecer a paz – escreve ele então –, não é bastante não desejar a guerra. A verdadeira paz supõe uma coragem que vai além da guerra: ela é uma atividade criadora, energia espiritual."[5] Se ele era definitivamente contrário à honra de se ver privado da vitória, o realismo deveria admitir um belicismo camuflado, e a política perderia a parte de sua responsabilidade que consiste também em tornar viável o estado de paz.

---

[5] Jünger, E. *A paz*, Trad. de B. e A. Petitjean, Ed. La Table Ronde, 1971, p. 151.

Ora, o pacifismo extremo não defende senão a renúncia a qualquer vitória, da qual faz uma antecipação. Isto significa que ele é politicamente irresponsável? Ele o é, certamente, do ponto de vista político e na medida em que essa visão possa se impor como a única representação possível do mundo. Mas, quando o pacifismo se origina de uma ética tão incondicional, quer seja uma ética de profetas ou de santos, ela se torna, na definição de Max Weber, "acósmica"; assim, é imperioso, para ser conseqüente, declará-la igualmente apolítica ou extrapolítica. Enquanto a política assume a violência que é, para ela, a lei do mundo, o que lhe cabe é, sem dúvida, determinar-se, segundo a fórmula luminosa de Pascal, em fazer de maneira que o uso da força seja justo. Mas a religião da não-violência preconizada por Gandhi visa, ao contrário, reverter a fórmula; sendo a violência a lei da brutalidade, ela lhe opõe a lei da espécie, "uma lei mais elevada: a força do espírito", uma força que se afirma somente na não-cooperação com "forças materiais do mundo inteiro". De uma maneira idêntica, o princípio tolstoiano, que recomenda "renunciar a obedecer às leis do mundo", situa a paz fora da esfera do poder. A ética incondicional é, portanto, conseqüente quando se nega a fazer da paz um pretexto para a dominação e a transformá-la em fonte de conflito ou de guerra santa; ela renuncia ao privilégio da guerra justa como, em uma discussão, pode-se renunciar a ter razão para que advenha uma verdade que não seja um *parti pris*, isto é, uma opinião preconcebida que impeça um julgamento objetivo. É desse modo que a não-violência quer desarmar a guerra, privando-a de seu ganho que é a vitória.

Não se poderia, então, melhor caracterizar a ética absoluta, a não ser dizendo que ela coloca a paz acima da justiça. Existe, neste caso, um obstáculo ou um limite que não ultrapassa o pacifismo jurídico, cujo esforço mundialista é o de identificar a paz com a justiça dos homens. Um fervoroso defensor do direito natural da humanidade, como Woodrow Wilson, levou os Estados Unidos a tomar parte na Primeira Guerra Mundial em nome dessa justiça, porque é imprescindível saber "situar o direito acima da paz". Mas um pensador como Tolstoi nos ensina que o domínio da paz, da verdade ou do discernimento, não é da ordem de dominação ou mesmo da instituição eclesiástica. O pacifismo incondicional muito nos instrui sobre a paz, mas no sentido em que faz dela uma outra realidade, diferente daquela de que falam os políticos e os militares, uma realidade na qual a própria ética se identifica com a paz. É imperativo admitir que, se o pacifismo de convicção se inspira numa ética absoluta, seu ponto de vista deve ser considerado teológico, num sentido em que faz concorrência com o emprego da palavra diante do risco das guerras termonucleares. Com efeito, foi qualificada de "teológica" a decisão política capaz de acarretar a vida ou a morte da espécie, porque implica a escolha entre o ser e o nada. No que diz respeito à ética absoluta, ela adota incondicionalmente a escolha da responsabilidade não dos meios, mas dos fins. Contribui para ampliar o campo da consciência e para aumentar, se é possível expressar assim, o patrimônio da espiritualidade. Desse modo, ela pode conferir à paz uma autoridade moral, o que não se confunde com o exercício de um poder.

Ora, não é tanto essa qualidade de inspiração que Max Weber desaprova quanto o uso que dela é feito para *fins políticos*. Um outro tipo de reivindicação é trazido à discussão sob o mesmo nome de "ética da convicção"; trata-se da vontade de tornar o mundo político idêntico a um mundo moral. Esse tipo de aspiração seria melhor chamado de "pacifismo instrumental", segundo a terminologia de Max Scheler,[6] já que a paz é encarada como uma realidade que pode ser produzida ou "fabricada" em função da escolha dos meios. É essa intervenção do pacifista na escolha dos meios que Max Weber julga incompatível com o pleno exercício da competência do homem de Estado. Embora seja movido por uma convicção, o pacifismo politizado tem por objetivo conferir à sua convicção o direito e o poder de

[6] Ver M. Scheler. *A idéia de paz e o pacifismo* (1931), Ed. Aubier, 1953.

determinar as relações humanas. Max Weber vai encontrar seu modelo no socialismo revolucionário mais do que no Evangelho e, ademais, modifica o vocabulário que serve para descrevê-lo, não falando mais de uma "ética acósmica", mas do racionalismo "cosmo-ético" daqueles que querem corrigir ou suprimir a irracionalidade do mundo tal como ele é. Para o pacifismo revolucionário, a ordem política é solicitada a adaptar seus meios a um objetivo ideologicamente justificado.

É essa maneira de querer a paz que Max Weber considera politicamente perigosa; ela é destinada ao fracasso, porque o pacifista procura buscar na política o que não poderá encontrar: a realização de uma ordem moral do mundo. Quando analisara, na *Fenomenologia do espírito*, o episódio do Terror na França, Hegel atribuiu sua causa ao absolutismo dos revolucionários que, não podendo realizar a extrema pureza de seu ideal nas instituições estritamente humanas, não conseguiam fazer triunfar o princípio, a não ser pela destruição maciça dos indivíduos incapazes de partilhar sua absoluta convicção; a ordem revolucionária se impunha então pelo terror e pela morte. Pode-se compreender, de uma maneira análoga, a irresponsabilidade que Max Weber atribui aos bons sentimentos, pois eles se tornam alheios ao descrédito que pode resultar para a própria paz, quando esta é obtida em nome do bem, deixando que sejam empregados os meios mais atrozes.

Eis que encontramos aqui o que Kant chamou, no *Projeto de paz perpétua*, de "antinomia da política", isto é, o conflito entre a sabedoria e a prudência: se é necessário escolher entre duas éticas, é que a competência dos fins, bem como a dos meios, deve ser declarada incompatível entre elas, uma se querendo razoável, plena de bom senso, e a outra se considerando racional. A primeira é moral porque, efetivamente, a paz do gênero humano somente pode ser imaginada através de uma antecipação moral de sua união possível. A segunda é política, pois, na verdade, a política gera o mal pelo mal, respondendo à violência com a violência, e sua responsabilidade mais esperada é contribuir para o menor mal. Parece inevitável que esse conflito continue a nutrir indefinidamente as suspeitas recíprocas. Se é político considerar que o pacifismo cria obstáculos para a paz, o moralista objetará que a política não tem confiança na paz porque é da guerra que vêm sua legitimidade e as instâncias de seu poder. Se a moral faz valer a absoluta prioridade dos fins, a política retorquirá que ela faz da paz o fator de um enfraquecimento do Estado, em vista, talvez, de outras apropriações do poder. Se bem que se repita sempre a mesma pergunta: pode-se preservar a paz com base na sabedoria e experiência das nações?

2. De um governo mundial

"Agora tudo poderia acontecer, cada um sabia que o impossível se realizara. Daí em diante a fissão atômica havia saído dos sonhos teóricos da física. No momento em que ela nasceu, já era adulta. Uma força colossal acabava de nascer, a qual poderia ser posta tanto a serviço do bem quanto do mal."[7] Esse testemunho expressa o sentimento que se seguiu a uma tão inaudita transformação dos meios da guerra, que o entendimento humano parece ultrapassado pelo que ele próprio engendrou: uma nova transformação da guerra, decisiva, já que tem por conseqüência lógica a destruição da humanidade ou a destruição da guerra.

Impõe-se, então, aos sábios a convicção de que a escolha da sabedoria tornou-se simplesmente vital. Se a racionalidade política consiste efetivamente na responsabilidade dos meios, não é, então, o poder apocalíptico dos meios técnicos que deve ditar à política a sabedoria que pode salvar o mundo? O risco é tão grande que um objetivo único parece resultar do poder das armas: a paz mundial. Essa constatação, explica Bertrand Russell,[8] se

---

[7] Feis, H. *A negociata da paz – Postdam, 1945*, Ed. Arthaud, p. 219.
[8] Ver B. Russell, *O homem sobreviverá?*, Trad. de Y. Massip, Ed. John Didier, 1963.

estabelece como a evidência mais acessível ao bom senso, pois resulta do motivo mais universalmente partilhado, que é o medo; de maneira que o pacifismo não pode mais aparecer como uma opção ideal, que pode se opor ao realismo político, mas que se tornou a própria racionalidade política. Pela primeira vez na história da humanidade, o cálculo dos meios e a escolha dos fins devem colaborar para a mesma obra: a salvaguarda da espécie. Quando a morte ou a vida determinam, coletivamente e para sempre, o conhecimento do bem e do mal, não há mais escolha, e o poder não pode senão se colocar exclusivamente a serviço do bem.

A convicção de que as armas termonucleares obrigam os homens a se unir ou sucumbir teve, de imediato, o efeito de favorecer a renovação dos projetos, com a diferença de que a urgência exigia transformá-la num programa que pudesse ser imediatamente posto em prática, o que concerne aos homens de hoje. Daí as exortações por parte dos intelectuais eminentes no sentido de que seja criada uma autoridade mundial a quem seria entregue o poder de garantir definitivamente a permanência da paz. Os projetos de paz perpétua de outrora elaboravam o que poderia ser uma vontade pacífica. A definição de uma concepção comum, universal, da paz se mostrava precedente à sua realização possível. Mas a urgência de enfrentar o risco de uma catástrofe definitiva inverte inteiramente a forma de apresentar a questão: quando se estabelece a convicção de que a paz não é mais uma possibilidade, e sim uma necessidade, então se impõe também a convicção de que a vontade não é mais livre nem soberana. E que ela deve ser determinada pelo poder dos fatos. A perspectiva de uma planetarização dos meios da guerra, e até mesmo de uma anexação do espaço planetário para fins destrutivos, confere à paz uma dimensão geopolítica inédita, objetivamente universal. Em tais circunstâncias, só poderá tratar-se de uma organização política de toda a humanidade.

O princípio dessa escolha doutrinária é claro: converter o poder de destruir em poder de proteger. Podemos resumir sua participação teórica da seguinte maneira: se a paz deve ser o resultado dessa transformação, considerada definitiva, da guerra, é que a transformação da guerra é idêntica a uma *transformação da política.* Em outras palavras, a política nada pode querer além de uma coisa: que a guerra seja um impedimento para si mesma ou se destrua por si só. Não é mais a política, mas o terror que fixa os princípios. Quanto a saber que forma assumiria uma união planetária, citaremos as soluções adotadas por dois teóricos ideologicamente opostos, porque são tentativas de pensar a paz durante a guerra fria. Elas ressaltam uma mesma hostilidade em relação ao mesmo princípio: a soberania dos Estados.

Argumentando, em 1953, em favor de uma "unificação política do mundo",[9] o pensador cristão Jacques Maritain atribui as causas da guerra à anarquia que reina entre as nações. Essa anarquia constitui, em sua opinião, a falência do pensamento político moderno, inteiramente fundamentado no conceito de Estado, considerado por ele como o principal obstáculo à paz. No caso presente, Jacques Maritain questiona particularmente o modelo hegeliano, o qual condena como absolutista e totalitário. Ele também pensa que a sociedade internacional permanecerá em situação de "desordem política" enquanto os Estados não forem submetidos a uma Autoridade capaz de impor regras à sua coexistência. A anulação do princípio da soberania é a condição, pois não baseia a política em nada além do poder e da dominação.

Se a soberania é um princípio que deve ser superado, é porque os Estados não podem mais, segundo essa análise, considerar-se como unidades auto-suficientes, como "sociedades perfeitas", consoante a terminologia de São Tomás de Aquino. E, desde que uma sociedade perfeita se basta a si mesma assegurando sua própria proteção, é a sociedade internacional como um todo que se torna o único modelo possível de uma totalidade humana autônoma, capaz de assegurar sua autodefesa. Isso implica uma transformação do sentido e da finali-

---

[9] Maritain, J. *O homem e o Estado*, Ed. PUF, 1953, p. 176.

dade da política: é propriamente "política" a que concerne, não à concentração do poder, mas ao viver coletivamente, à organização da vida em comum. O conceito de soberania deve dar lugar ao de "corpo político". A comunidade do mundo pode ser encarada, daí em diante, como um corpo político único, já que o bem comum será restabelecido, como o foi, para a sabedoria antiga, a finalidade específica da política. O exercício do poder por uma Autoridade mundial deverá se adaptar ao objetivo supremo da vida em comum: a unidade, uma exigência que transcende quase metafisicamente às vontades particulares. Eis aí uma perspectiva de paz que faz da arma atômica o instrumento de uma sabedoria caracterizada pela união do poder e do bem.

A idéia de que a política deve acompanhar a lógica unitária do poder é igualmente partilhada por Bertrand Russell, mas este imprime à sua defesa pela paz do mundo um acento decididamente moderno: a paz significa, para ele, o futuro da modernidade científica e tecnológica. Quando apareceu, em 1961, *O homem sobreviverá?*, imperava o que Bertrand Russell chama de "a estabilidade no terror", um equilíbrio que resulta do superpoder das duas maiores potências: a "paz" não é senão a maneira de divergir da guerra atômica, de recuar antecipadamente pelo terror do suicídio assegurado. Assim, ele julga insustentável e irracional uma situação de psicose coletiva que põe a sobrevivência do gênero humano à mercê do erro e da ignorância. Do erro, porque basta uma má interpretação das intenções do adversário para que seja desencadeado o apocalipse. Da ignorância, porque a guerra implicaria necessariamente os efeitos impossíveis de prever e controlar: não somente a morte, mas uma outra espécie de destruição do gênero humano, sua redução por mutilações, doenças e malformações distribuídas conforme a dispersão radioativa.

Nesta análise, o patrimônio genético da espécie vem a ser, de alguma maneira, o bem comum da humanidade, da qual representa a unidade e solidariedade reais. Daí o sentimento de que a responsabilidade das decisões se tornou tão pesada, que deixou de estar ao alcance da política: na era da dominação da técnica, ela deve ser assunto dos cientistas. Bertrand Russell faz, certamente, um apelo à comunidade dos intelectuais e dos sábios para se mobilizarem contra o perigo. A paz se impõe, a seu ver, como um imperativo cientificamente evidente; "o progresso tecnológico torna possível um governo mundial", porque torna caducas as formas tradicionais do poder, substituindo a divisão entre as nações, daí por diante em desuso, por sua própria escala de valor, a saber a colaboração e a coordenação entre *experts* do mundo inteiro. Avaliando que ela contribui para diminuir a competição em proveito da cooperação entre os homens, Bertrand Russell considera a técnica científica como um fator de paz.

Tal apologia do progresso pode causar espanto num contexto em que ele se revelou tão destruidor. Conforme esse raciocínio, o estado de paz consiste precisamente em dominar os poderes da técnica através da finalidade julgada cientificamente *neutra* do progresso, de corrigir, de qualquer modo, o progresso por si mesmo. Bertrand Russell sonha com uma verdadeira educação da humanidade para a civilização tecnológica, visando "criar novos esplendores", para viver na alegria a aventura de seu próprio futuro. E é esse futuro que é preciso garantir pelo processo menos dispendioso. Certamente, a paz mundial poderia ser imposta pelo vencedor da última das guerras mundiais, mas a solução mais racional é a que se revela menos perigosa: é politicamente razoável que cada um capitule diante do risco do extermínio de todos, e que as nações decidam submeter-se a uma autoridade internacional dotada de um poder soberano.

É difícil saber se essas teses dão origem à sabedoria do poder, ou se o poder decorre de uma sabedoria suprema, já que as duas podem ser confundidas. Não há nenhuma dúvida de que, de uma maneira geral, os adeptos de um governo mundial não sejam pacifistas convictos; não subsiste aí senão o paradoxo que consiste em querer despolitizar a guerra pela promoção de uma política mundial sem chocar bastante os espíritos. Mesmo sem levantar a suspeita de que esse governo estaria sob a influência de uma potência dominante e, portanto, ideologicamente marcado, é evidente que essa maneira de realizar a paz significa garanti-la pelo único meio da dominação. O raciocínio utilizado pelos partidários de um império universal é o mesmo elaborado outrora por Thomas Hobbes, em nome da segurança, para explicar a gênese necessária de um poder absoluto do Estado sobre seus membros. Sob o pretexto de que a anarquia entre as nações se constitui a única origem do medo e da insegurança, chegam à conclusão de que o monopólio da violência deve ser confiado a uma potência suprema absolutamente irresistível.

Quando escreve que uma tal potência irresistível "poderia, se fosse constrangida a fazer a guerra, esmagar em alguns dias os rebeldes sem grande perigo para os outros",[10] Bertrand Russell aplica um novo princípio de realismo político, que não se coloca mais na escala dos Estados, mas do mundo, isto é, que a arma absoluta requer inimigos absolutos. Sem dúvida, essa afirmação pode se basear numa convicção perfeitamente inocente, segundo a qual a humanidade como um todo não tem outro inimigo além da guerra e o estoque de armas disponíveis para sua destruição. Porém, como não imaginar que uma tal Unidade do mundo chegue a uma Ordem instaurada pelo terror, cujo benefício final seja implicitamente imputado ao vencedor potencial que se

---

10 *O homem sobreviverá?, op. cit.*, p. 108.

tem como o mais sábio? A solução não é a moral, mas a morte, a certeza de que somente a morte sancionará qualquer falta de cumprimento da lei ou do dever no que diz respeito ao poder. O direito não é necessário, constatava Jean-Jacques Rousseau, quando se recorre à força; "basta agir de maneira que se seja o mais forte". Ora, é claro que o domínio técnico dos meios de proporcionar a morte, o poder de "garanti-la", se podemos dizer assim, assegura uma ordem definitiva ao serviço do poder; é ele que decide a sobrevivência de seus "aliados" pela capacidade de interditar a guerra aos "rebeldes", menos poderosos ou menos "sábios".

3. *O horizonte pragmático*

Pôr em destaque o desafio da guerra no momento em que a terra descobre que é um mundo finito, fechado, que se limita às dimensões de uma "aldeia planetária", unido por estruturas comuns de comunicação e de informação, tal é, para o fundador da "polemologia",[11] o que precede a paz de amanhã. Ele supõe que os homens aprendem a viver juntos em um mundo que adota um novo postulado estratégico, ou seja, o da impossibilidade de uma guerra de destruição total. Aquilo que se chamou de "interdição nuclear" significa a recusa co-

11 Ver G. Bouthoul. *O desafio da guerra*, Ed. PUF, 1976.

mum de uma corrida aos extremos, cuja irracionalidade estratégica é igual para todos. Daí resulta que a arma atômica não pode mais ser considerada senão como arma política; na incapacidade de prevalecer a decisão sobre o plano militar, ela só pode servir para que se desista do seu emprego. Portanto, não é tanto a guerra quanto a dissuasão recíproca que tende a tornar-se a continuação da política por outro meio, ou seja, o recurso de uma percepção comum de ameaça, o reconhecimento de uma vulnerabilidade igual para todos.

As palavras de ordem de redução ou de controle dos armamentos não fazem senão traduzir essa impossibilidade de se obter a menor vantagem estratégica de uma arma tão poderosa que interdita a vitória e não pode mais, portanto, ser utilizada como arma de guerra. O destino da paz parece, desde então, acompanhar o destino da tecnologia qualitativa das armas, pelo qual devem ser estabelecidas as linhas de uma percepção política do melhor e do pior. Parece-nos que nos dias de hoje aplica-se de modo singular à guerra o desencanto que Max Weber julgava inseparável dos sucessos do progresso tecnológico. Se a guerra tende a fazer dela mesma uma imagem cada vez mais inumana, não é porque os homens teriam se tornado mais ferozes, mas porque a guerra pode ser feita, por assim dizer, sem eles, pela fria eficácia do controle calculado da administração dos meios.

O desejo de ver instaurar-se entre os Estados um clima de *détente*, que poderia se apoiar numa confiança mútua, supõe que seja estabelecido um novo tipo de consenso no seio da comunidade internacional: que seja possível obter a paz por meios exclusivamente pacíficos. Que a paz seja considerada, enfim, um assunto do interesse da civilização mundial, e seria possível esperar que seja acrescentado, ou substituído, pelo medo comum da guerra, um mesmo interesse pela paz. A paz garantida pelo terror ou por uma monarquia universal não poderia dar lugar a uma coabitação pacífica assegurada pela harmonização das necessidades comuns a todos? Desde que a Terra se encontra unificada pela mesma possibilidade de acabar, os interesses comuns não poderiam constituir-se espontaneamente em interesses comunitários?

Sabe-se que o desejo de realizar a concórdia por meio de regras comuns sempre colidiu com uma contradição nos princípios, à qual é geralmente atribuído o fracasso das tentativas de arbitragem: os teóricos da paz pelo direito admitem a existência da pluralidade dos Estados, para, em seguida, esperar dela uma livre submissão à autoridade superior de leis comuns. Reside aí uma maneira de identificar nas nações soberanas aquilo que constitui seu maior bem, a independência, para impor-lhes, sob ameaças de sanções, que abdiquem dela em nome do imperativo da solidariedade internacional. Indiscutivelmente razoável em teoria, esta concepção do direito internacional só pode ser aplicada, na prática, pelo meio da *submissão* de cada um a uma regra comum. Atualmente, ela se vê enfrentando a competição de outra orientação teórica, menos vexatória ou menos dolorosa, a via da *integração* progressiva dos Estados nas estruturas federais. É desse modo que se desenvolvem, em meados do século XX, várias teorias de uma integração funcional e estrutural capaz de conduzir a formações internacionais organizadas com base na cooperação e na comunicação. Em vez de ressaltar a necessidade de uma igual subordinação das nações com relação aos regulamentos internacionais, acentua-se sua independência, econômica e social, que justifica as transferências progressivas de soberania para organismos ou para unidades pluralistas de interesse comum.

Nessa perspectiva, uma pacificação suave poderia resultar de complementaridades comerciais e industriais próprias para favorecer as cooperações econômicas e técnicas passíveis de se generalizar. É assim, com efeito, que são organizados os intercâmbios, as informações e os saberes que difundem as mesmas formas de pensar e decidir. Da mesma maneira que a guerra entrou na era da tecnologia avançada, a paz poderia, ela também, ingressar precisamente na civilização industrial e tecnológica. Neste sentido, os fatos parecem falar por si mesmos; não somente o interesse pelo desenvolvimento econômico se impõe por si próprio como um fator transnacional de intercâmbio e de comunicações multiplicadas, como traz com ele a necessidade de uma internacionalização pela necessidade de regulações comuns, de um certo número de adaptações sociais, jurídicas e culturais. De modo que a colaboração para tarefas coletivas de interesse mundial, ou a formação de entidades pluralistas unidas pela mesma condição geopolítica, faz esperar uma realização estrutural de concordâncias capazes de levar os Estados a sair de seu soberano isolamento, para colaborar com o mundo tal como ele se apresenta. A integração assim concebida diz respeito a um conjunto de processos e adaptações: os Estados se habituarão cada vez mais ao fato de que as decisões sejam tomadas em um nível acima da gestão exercida pelo Estado.

Esse "federalismo sem dor" ou esse "federalismo clandestino", segundo Raymond Aron,[12] contém os princípios para um novo tipo de filosofia, pragmática, da paz. Tem como alicerce o postulado de que a interdependência prevalecerá sobre a independência e imporá a prioridade de suas próprias estruturas, que vão além da hierarquia de Estado. A limitação ou o abandono de sua soberania pelos Estados poderia então se efetuar suavemente e sem violência, pois estes se encon-

---

12 Aron, R. *Paz e guerra entre as nações*, Ed. Calmann-Lévy, 1962, p. 733.

tram estruturalmente aprisionados nas redes de atividades que irão determinar as condições da prosperidade e da segurança. Nada de quimérico ou de utópico nessa visão infalível da paz, estranha a qualquer voluntarismo messianista; seria, pura e simplesmente, embaraçoso e inoportuno. Bastaria um pouco de racionalismo pragmático, mais bem adaptado às sociedades industriais e pós-industriais, do que os sonhos e ideais unitários de outrora. As formas de pensar se reformarão por si mesmas, sem revolução ideológica. Cada nação segrega em seu núcleo as elites formadas por novos poderes de decisão, elites que se encontram, de alguma forma, desnacionalizadas, em virtude das tarefas supranacionais de sua função. Sua ciência, econômica ou jurídica, produz especialistas, os quais são chamados de "administradores", "tecnocratas", ou "agenciadores" para significar que eles são os artífices de uma tecnoestrutura. São os promotores de novos laços consensuais, de uma espécie de "consenso instrumental" que vai além das delimitações nacionais. Para essa pacificação em versão "científica", a eliminação das contradições entre nações deveria se fazer acompanhar de um movimento irresistível em direção a uma sociedade internacional cada vez mais homogênea.

Nesta perspectiva, as chances do internacionalismo implicam o recuo inexorável do conceito tradicional de política como expressão da vontade e, portanto, da soberania dos Estados. Que seja necessário, para subordinar a noção de Estado à supremacia da ordem internacional, operar uma completa transformação dos modos de analisar, é o caminho preconizado por Hans Kelsen[13] em favor de uma nova concepção do direito internacional. As teses kelsenianas oferecem, assim, àqueles que almejam ou simplesmente constatam o declínio do papel do Estado, o suporte de uma nova filosofia do direito. O ponto de partida da reflexão é crítico: as teses clássicas herdeiras da filosofia do direito natural, sobrecarregadas por uma noção tão obscura quanto ideológica, ou seja, a da vontade soberana. Provar que uma tal entidade não é senão uma ficção metafísica, que não resiste a uma análise científica do direito, é a condição que permite estabelecer que a ordem jurídica internacional é superior à ordem jurídica nacional.

Enquanto imperar o dogma da soberania, não existirá, segundo Hans Kelsen, direito internacional verdadeiro. Ele também considera indispensável acabar com a mentalidade primitiva veiculada pelo mito da personificação do Estado. É preciso uma concepção cientificamente positivista do direito para que seja anulada a tentação de aplicar ao Estado a noção pré-científica de "sujeito" ou de "pessoa". Conforme essa análise, o conceito de vontade política deve ser excluído do domínio

[13] Ver H. Kelsen. *Teoria pura do direito* (1934), Ed. Dalloz, 1962.

do direito, pois ele não representa senão uma opção ideológica particular. Resulta dessas premissas que a validade das regras do direito não poderia ser estabelecida sobre a base, subjetiva, da vontade dos Estados, mas que é imperioso pensar objetiva e tecnicamente o funcionamento do direito, de tal forma auto-suficiente para ser fonte de obrigações e de sanções. Desse modo, Hans Kelsen mostra que, deixando-se de lado a referência a uma energia despendida na gestão do Estado, percebe-se que um Estado nada mais é que um órgão habilitado a ser criador de certas regras, válidas num determinado lugar. Ele conclui que não é nem a força nem a soberania que servem de base à validade do direito, mas somente sua capacidade de se sistematizar e formar uma totalidade coerente pela regularidade dos processos. Não sendo o direito senão um sistema hierarquizado de regras, torna-se então possível aplicar aos Estados uma definição ideologicamente neutra: eles não constituem mais do que uma parte de uma ordem jurídica internacional mais vasta. Quando a comunidade internacional tiver conseguido atingir um grau de centralização suficiente, sua eficácia poderá se impor uniformemente. Vemos aí uma condição científica, e não mais política, da extensão universal da esfera do direito.

O bom senso, e é bem natural que seja assim, se encontra despossuído de suas referências por essa versão bastante imaterial da função "pura", estritamente processual, das normas que servem para organizar tudo que o rodeia. Não verá nessa homogeneização das técnicas jurídicas nada além das regulamentações que servem para gerar outras regulamentações e sanções, cujo papel é somente proteger a aplicação dessas mesmas regulamentações e sanções. A partir do momento em que a justiça não pode mais ser reivindicada como uma aspiração da consciência e da vontade, o direito deve ser percebido como um sistema sem razão de ser, substituindo, a partir daí, a homogeneidade da ordem jurídica pela noção ideal de justiça. Porém, se a competência do *expert* é a única capaz de conceber e garantir a autoridade de uma ordem jurídica internacional, pode-se, então, concluir que o homem pode agora deixar de se considerar como um "animal político"?

4. Novas incertezas

Essas orientações têm em comum o que Hannah Arendt chamou de "tentação do apolitismo", uma tendência geral em favor de uma certa "despolitização" do Estado: se este não aparece mais, a não ser como um órgão de controle, confinado em suas tarefas regionais de gestão e manutenção da ordem, não se torna possível acreditar que, uma vez reduzidos a uma simples "máquina administrativa, os conflitos políticos serão regulados de maneira burocrática, substituindo-se os exércitos por forças policiais?"[14] Daí a esperança de uma civilização homogênea da humanidade, concentrada em sua própria sobrevivência, e que poderia servir como proteção das prerrogativas consideradas aterradoras, ou anacrônicas, do Estado.

O mesmo fenômeno tinha sido descrito por Carl Schmitt[15] como aquilo que engendra a fé ocidental no advento de uma civilização tecnológica universalmente pacífica. O desejo de unificação jurídica, econômica e tecnológica se funde numa mesma imagem do mundo, a de uma vasta sociedade civil. Nesta análise, voltamos ao ponto de partida, ou seja, à neutralidade imputada à técnica, à qual se sobrepõe a espera de um "neutralismo do espírito": igual relatividade dos Estados, igual relatividade de opiniões e igual relatividade de qualquer problema a uma questão técnica, tida na conta de não-violenta. É desse modo que a "tecnologia" adquire um vasto sentido cultural, que não designa somente um conjunto de objetos, mas uma mentalidade, uma forma de pensar que se proponha a tratar qualquer questão sob um ângulo puramente processual e instrumental, transformando-a num objeto de avaliação ou em algo concernente a uma abstração.

---

[14] Arendt, H. *O que é a política?* Textos escritos entre 1955-1959. Trad. de S. Courtine-Denamy, Ed. du Seuil, 1995, p. 36.
[15] Ver C. Schmitt. *A noção de política* (1931), Ed. Flammarion, 1992.

A idéia de que a sorte da paz está, hoje em dia, estreitamente ligada ao destino de uma civilização mundializada, uniformizada pela generalização dos mesmos comportamentos em face da informação e do consumo, difundiu-se largamente. Mas essa terminologia se constitui na expressão de novas incertezas. As perspectivas de uma extensão planetária da racionalidade científica e tecnológica inspiram o sentimento de que testemunhamos o fim da modernidade. A civilização moderna, assim qualificada por seus objetivos, como a emancipação dos homens e a dominação da natureza, findaria por atingir seu limite, conferindo um novo caráter a seus instrumentos racionais universalmente disponíveis. Porém, ao mesmo tempo, foi introduzido o sentimento de que tem começo uma nova história do mundo, uma história verdadeiramente universal da humanidade, pela interdependência real, constatada e todavia imprevisível, dos atores do futuro. A consciência de que daí em diante os perigos que pesarão sobre a civilização só virão dela mesma, faz surgir no primeiro plano o problema de saber como formular, para o futuro, a questão da paz.

Sendo a guerra e a paz assunto da competência e responsabilidade dos Estados, o realismo político se inspira em orientações doutrinais que podem colocá-lo em condições de enfrentar a incerteza. A menos "idealista" dentre elas consiste em se preservar de qualquer risco de ilusão pacifista. O principal argumento é que a perspectiva de uma despolitização da paz não significa nem acarreta inevitavelmente a despolitização da guerra. Se é certamente tentador querer identificar o mundo com uma vasta sociedade civil, o erro seria não se dar conta de que daí resultaria a maior incerteza para seu futuro. Pois pode ser uma redobrada ingenuidade esperar o surgimento de uma ordem mundial a partir de interesses econômicos, mesmo que possam ser partilhados. Em primeiro lugar, porque os interesses pragmáticos não são, como seria desejável acreditar, inofensivos (um suporte ou um bloqueio econômicos podem ser utilizados como armas verdadeiras); em segundo lugar, porque, mesmo tornando-se comuns, tais interesses não estão em condições de fundar nem de criar uma verdadeira comunidade política. Faltam-lhes a profundidade de uma determinação de viver coletivamente, a força e a legitimidade de um objetivo comunitário.

Neste contexto, pode parecer ilusório acreditar que o declínio do Estado trará consigo o advento da paz, e realista pensar inteiramente ao contrário, em que o risco da guerra mais inumana não será maior. O risco de conflitos planetários transforma a paz em estado de guerra; gera uma hostilidade absoluta contra um inimigo absoluto que se torna imperativo destruir absolutamente: o inimigo da paz, qualquer que seja, banido da humanidade, fora da lei, criminoso. Tal é, em substância, a perspectiva vislumbrada por C. Schmitt contra a ilusão de uma possível despolitização da paz. A paz, que acreditaremos devida ao reino do direito universal, à comunidade dos interesses econômicos ou garantida por uma igual expansão tecnológica, não será, na verdade, senão um ponto mal definido entre a guerra e a paz, uma guerra eternizada sob a aparência exterior de uma paz perpétua. Outras violências mais inumanas surgirão, mais aterradoras e difíceis de controlar, cuja natureza escapa aos limites tradicionais do direito internacional. Conseqüentemente, o realismo político que rege tradicionalmente as guerras entre os Estados é considerado infinitamente menos perigoso, pois ele faz da guerra um estado de exceção destinado, como tal, a encontrar um termo para a cessação da hostilidade.

A lição de realismo vem servir de suporte à consolidação do poder dos Estados; é adotada por aqueles que, políticos ou militares, optam por um retorno à tese do equilíbrio das forças: os Estados fortes, seguros de sua unidade e de sua identidade, são os parceiros menos perigosos e imprevisíveis para o equilíbrio do conjunto.

Porém, como fazer a distinção entre a incitação à prudência e a defesa de um poder ilimitado do Estado? As ambigüidades e os perigos do realismo extremo, para o qual não há verdadeira política além da guerra, subsistem. Enquanto a política continua identificada com o exercício de um poder vertiginoso e sobre-humano, o de decidir soberanamente as razões do viver e do morrer, o realismo permanece inclinado a reatar com as cosmologias belicistas, que fazem da paz um objetivo indesejável.[16] Ao não admitir a escolha senão entre uma vida ameaçada pela guerra e uma vida vegetativa na paz, ele assume sempre e unicamente a defesa, na totalidade, das virtudes da violência, da qual ele constitui a única legitimidade do poder. O realismo extremo é menos uma maneira política que uma maneira militar de ver a guerra, a qual se supõe que seja absolutamente insubstituível.

Existe, todavia, uma outra vertente do realismo político, que se esforça para associar a prudência dos Estados a uma comum e única sabedoria, que consiste em tornar a guerra algo que pode ser evitado, pela não-aceitação de soluções extremas. Cada uma a seu modo, a filosofia de Raymond Aron e a de Hannah Arendt se propuseram a pensar politicamente a possibilidade de uma política de paz, apoiando-se na parte da imprevisibilidade e da incerteza que caracteriza, mais do que o poder, a inteligência política: se a paz continua sendo uma questão política, é porque ela é um assunto humano que provoca a sabedoria, isto é, a responsabilidade dos homens. E a sabedoria incita a observar o horizonte de uma civilização tecnológica planetária menos como uma solução do que um novo embate a enfrentar.

---

[16] Ver *A paz indesejável?* Relatório sobre a utilidade das guerras; pesquisa efetuada por uma comissão de especialistas, publicada nos Estados Unidos, em 1967, e nas edições Calmann-Lévy, em 1968 e 1984.

Desse ponto de vista, não é possível nem desejável retirar dos Estados a responsabilidade da paz. Faz-se necessário ser bastante razoável para não considerar irracional a negação de toda sabedoria política. No momento em que os Estados são ainda os artífices e os beneficiários de uma coexistência pacífica possível, seria intempestivo pronunciar-se sobre o triunfo de qualquer pragmatismo apolítico. Na impossibilidade de se constatar, até o presente, que a interdependência econômica entre os povos está apta a criar uma verdadeira comunidade política, qualquer antecipação de uma civilização mundial unificada corre o risco de se encontrar, mágica e ilusoriamente, provida de competências e qualidades simplesmente negativas, retiradas do Estado de modo abstrato. As soluções federais permanecem conjecturas, contanto que não resultem de nenhuma vontade existencial comum, estimulada por uma preocupação com a autonomia real. A perspectiva de uma integração jurídica e econômica dos Estados continua ainda dependente das formas de pensamento político, já que ela determinou como ponto de partida aquilo que deseja alcançar: é imperioso extinguir, em teoria, a vontade dos Estados de dar impulso ao presumível sucesso de uma civilização homogênea, tecnológica e burocrática.

Portanto, a prudência consiste em reconhecer que a sociedade internacional é uma realidade inexistente politicamente e que seria prematuro elegê-la como norma no momento em que ela não possui os meios de assumir soberanamente suas próprias decisões. "As qualidades necessárias para dominar o mundo que surgirá pertencem ao reino da abstração: é impossível prever o futuro de maneira concreta e a análise das relações entre a esperança e a realidade que se originam, em resumo, da conjectura."[17] Em um mundo onde o antigo equilíbrio do terror dá lugar à incerteza do amanhã, a política da paz confia na sabedoria das nações, baseando-se em seu interesse comum em uma redução geral da violência. Constatando legalmente as tendências que agem contraditoriamente sobre a realidade, seja para cooperar em sua uniformização, seja para trabalhar em novas fragmentações nacionalistas, a política adota o realismo como princípio da realidade: procura seu caminho no domínio dos fatos. Do momento em que a unidade do mundo constitui ainda um objeto da representação e da previsão dos homens, são as populações cuja existência e a diversidade são atuais e efetivas que representam a parte essencial da realidade do mundo tal como ele é, e que delimitam as possibilidades reais de coabitação. Se muitos são necessários para desejar a paz, a tarefa mais difícil permanece em perspectiva.

---

[17] Kissinger, H. *A diplomacia*, Trad. de M.-F. de Paloméra, p. 763, Ed. Fayard, 1996.

Conclusão

Tendo a espécie humana adquirido um tal poder de fazer a guerra que se tornou autodestrutiva, pode-se afirmar que a realidade, doravante, impõe por si mesma a unidade da humanidade. É tentador compreender essa perspectiva como uma conclusão, como o acesso a um termo, a uma espécie de fim da história. É igualmente tentador acreditar, com efeito, que a paz poderá se impor como um fato e ser administrada como uma coisa. Os adeptos de um governo mundial o admitem, à sua maneira, reconduzindo a paz a um objetivo inteiramente condicionado pelos meios de uma civilização uniforme das necessidades.

Ora, a aspiração à paz nutre, ao mesmo tempo, um desejo de unidade e um desejo de universalidade. O desejo de unidade espera dos homens que eles se submetam às leis comuns; o desejo de universalidade seria que eles partilhassem valores comuns.

A unidade pode contentar-se com os meios hegemônicos, quer sejam políticos, ideológicos ou tecnológicos. Pode-se, mesmo, imaginar que uma perfeita homogeneidade, se fosse realizável, daria ao mundo a unidade de uma sociedade fechada, mas que reduziria, verdadeiramente, a vida a seus aspectos mais elementares. Considerar que a realidade termina por impor a todos a unidade da mesma civilização material e tecnológica é, sem dúvida, uma conclusão muito partilhada, mas que permanece parcial. A convicção de que o gênero humano está, daqui em diante, implicado no mesmo destino, conduz também a outras perspectivas, que têm como argumento uma outra dimensão da paz, ou seja, a de uma comunicação ética e espiritual entre as religiões e as civilizações e que ainda está por ser descoberta.

A paz se origina de um desejo de universalidade, na medida em que ela tem o estatuto de um valor, de uma pura possibilidade que depende de uma adesão ou aspiração comum ao mesmo objetivo. Sem dúvida, essa dimensão ideal leva a considerar sua realização improvável, porque os ideais são, geralmente, compreendidos como promessas irrealistas de satisfação, cujo prazo é infinitamente postergado. Mas é ideal, num sentido inteiramente diferente, a forma mais despojada, a mais disponível da universalidade, despossuída de qualquer conteúdo dominante. É no sentido de que ela escape do domínio de um só e que se faça dela uma idéia sem proprietário, que a paz pode ser definida como um valor "universal". Ela se constitui, então, menos um meio de ação do que uma maneira de estar no mundo que instaura ou restaura a confiança no possível, precedente a qualquer possibilidade de agir.

Bibliografia

- ARENDT, H. *L'Impérialisme.* Trad. de M. Leiris, Éd. Fayard, 1982.

— *Qu'est-ce que la politique?* Trad. de S. Courtine-Denamy, Éd. du Seuil, 1995.

— *O que é política?*, Ed. Bertrand Brasil, 2ª ed., 1999.

- ARON, R. *Paix et guerre entre les nations.* Éd. Calmann-Lévy, 1962.

— *Penser la guerre, Clausewitz.* Éd. Gallimard, 1976.

- BOUTHOUL, G. & CARRÈRE, R. *Le défi de la guerre, 1740-1974.* Éd. PUF, 1976.
- CHANTEUR, J. *De la guerre à la paix.* Éd. PUF , 1989.
- GLUCKSMANN, A. *Le discours de la guerre.* Éd. L'Herne, 1967.
- GOYARD-FABRE, S. *La construction de la paix.* Éd. Vrin, 1994.
- JASPERS, K. *La bombe atomique et l'avenir de l'homme.* Trad. de E. Saget, Éd. Buchet-Chastel, 1963.
- MERLE, M. *Pacifisme et internationalisme.* Éd. Armand Colin, 1966.
- PHILONENKO, A. *Essais sur la philosophie de la guerre.* Éd. Vrin, 1976.
- RUSSELL, B. *Histoire des idées au XIXe siècle.* Trad. de A.-M. Petitjean, Éd. Gallimard, 1951.

— *L'homme survivra-t-il?* Trad. de Y. Massip, Éd. John Didier, 1963.

- RUYSSEN, Th. *Les sources doctrinales de l'internationalisme.* Éd. PUF, 1954.
- SCHELER, M. *L'idée de paix et le pacifisme.* Trad. de R. Tandonnet, Éd. Aubier, 1953.
- TOYNBEE, A. J. *La civilisation à l'épreuve.* Trad. de R. Villoteau, Éd. NRF, 1951.
- ZORGBIDE, Ch. *La paix.* Éd. PUF, 1984.

Impresso no Brasil pelo
Sistema Cameron da Divisão Gráfica da
DISTRIBUIDORA RECORD DE SERVIÇOS DE IMPRENSA S.A.
Rua Argentina 171 – Rio de Janeiro, RJ – 20921-380 – Tel.: 2585-2000